SUPERSÄFTE & DETOXDRINKS

DAGMAR REICHEL

DAGMAR REICHEL

SUPERSÄFTE & DETOXDRINKS

SMOOTHIES, SÄFTE, INFUSED WATER UND ANDERE POWERDRINKS

FOTOS: STEFANIE HIEKMANN

EMF
EIN BUCH DER
EDITION MICHAEL FISCHER

INHALT

VOLLE SAFT-KRAFT VORAUS!

Säfte, Drinks und (grüne) Smoothies in aller Munde? Vor langer Zeit schon begegneten mir „fresh juices" mit diversen „boosters", wie Weizengrassaft oder Ingwer-Shots, im Ausland.
Ich war ganz verrückt nach diesen gesunden, schnellen Snacks. Nur leider gab es damals hierzulande keine solcher Juicebars. Für mich und meine Familie waren die unzähligen Drinks in den letzten Jahren dennoch wertvolle Wegbegleiter. Ja, und mittlerweile sind sie alle ganz vorne mit dabei, wenn es um Ernährungs- und Gesundheitsthemen geht. Also, warum nicht selber zum Mixer greifen und die leckeren Getränke-Snacks zaubern?

Du wirst im Folgenden ganz einfach von Jahreszeit zu Jahreszeit begleitet, denn für deine Drinks sind frische Zutaten das A und O. Und wann, wenn nicht zur jeweiligen Saison, schmecken sie am aromatischsten und besten? Vorweg gibt es ein paar Häppchen Theorie – nicht langweilig – sondern kurz und knackig! Aber mit allem Wichtigen, was es zum Entsaften, Smoothen und Mixen zu wissen gibt! Ich habe eine bunte Auswahl an aktuellen Getränketrends zusammengestellt und möchte dir einen Schubs geben.

Einen Schubs in Richtung Eigenkreationen. Die Rezepte im Buch sollen eine Grundlage, ein Leitfaden sein, mit dem du dich nach und nach weiter in das riesige Feld von Vitaminwasser, frischem Saft, Smoothie, Limonade, Tee und Eistee vorarbeiten kannst. Sei kreativ und entdecke die Fülle, die uns die Natur an Früchten und Gemüsesorten bietet.

Teste, was dir schmeckt und bekommt – Geschmack und Verträglichkeit sind individuell! Allein deswegen lohnt ein wenig Kreativität, denn wer eine bunte Bandbreite kennt, kann sich daraus bedienen und nach den persönlichen Vorlieben Zutaten ersetzen bzw. abwandeln.

Gesundheit einerseits und Genuss andererseits – im Glas schwimmen sie quasi nebeneinanderher. Als Ernährungswissenschaftlerin liegen mir natürlich vor allem die gesunden Zutaten am Herzen. Aber als Mutter von drei Kindern weiß ich eben auch, dass gesund nicht alles ist. Es muss auch schmecken! Und das Auge isst bzw. trinkt schließlich auch noch mit. Deswegen haben es auch wirklich nur die Besten der besten Rezepte ins Buch geschafft, indem sie den Alltagstest mit Spaßfaktor bestehen mussten.

Also, ran an den Mixer und die Saftpresse!
Auf geht's – worauf wartest du noch? Ich wünsche dir viel Freude beim Entdecken der großen Welt der Superdrinks und Powergetränke!

Dagmar Reichel

GRUNDLAGEN

Um alle Smoothie-Foods und Powerzutaten ins Glas zu bekommen, kannst du dir hier ein wenig Wissen rund um die gesunden Säfte und Drinks anlesen – viel Spaß dabei!

FÜR EIN GESUNDES LEBENSGEFÜHL

Du möchtest dir Säfte und Smoothies mixen? Prima, du bist schon mittendrin! Und obendrein auf dem besten Weg, dich um deine (gesunde) Ernährung zu kümmern. Immer mehr Menschen bewegen sich weg von der Fast-Food-Welt in Richtung „gesunde Ernährung". Das heißt aber nicht gleich Langeweile oder Eintönigkeit – im Gegenteil! Wenn du anfängst, dich mit deinem Essen und deiner Nahrung ein wenig auseinanderzusetzen, wirst du merken, wie viel Spaß es macht, Neues zu entdecken und alte Gewohnheiten endlich über den Haufen zu werfen.

Heute ist es leichter denn je, an vielfältige Lebensmittel zu gelangen und „bunt" einzukaufen. Aber du brauchst gar nicht erst in spezielle Läden zu gehen oder im Internet einzukaufen, denn meist liegen die „guten Dinge" schon „vor der Tür". Clean Eating ist in unserer Ernährung mittlerweile ein großes Stichwort mit alter Bedeutung. Es heißt nichts anderes, als die Lebensmittel natürlich, unbehandelt und frisch sowie – aus meiner Sicht auch – saisonal und regional einzukaufen, Vollwertiges in den Speiseplan aufzunehmen, möglichst wenig verarbeitete Lebensmittel und maximal fünf Zutaten zu verwenden, bei Herstellung auf Mensch, Tier und Umwelt zu achten (sprich, möglichst biologisch Erzeugtes kaufen und die Nachhaltigkeit im Blick behalten!), auf Zusatzstoffe (wie Aromen, Geschmacksverstärker, Konservierungsmittel und Farbstoffe) zu verzichten, Zucker- und Salzkonsum zu meiden bzw. zu minimieren und sich einfach bewusst und abwechslungsreich zu ernähren. Und nebenbei schadet ein bisschen zusätzliche Bewegung für einen gesunden Lebensstil natürlich auch nicht ...

DETOX

Wer lange Zeit nicht so sehr auf seine Ernährung geachtet hat, der könnte jetzt, am Punkt der „Neuorientierung" erst einmal so etwas wie eine kleine Körperentgiftungsrunde vertragen. Wenn du jahrelang unbewusst in dich hineingefuttert hast, getreu dem Motto „Hauptsache satt", dann kann es sein, dass dein Körper schlappmacht, dass du dich ausgelaugt und nicht richtig fit fühlst. Und dass dein Immunsystem schwach ist. Und vielleicht zwickt's an der ein oder anderen Stelle. Dann wäre es jetzt an der Zeit, anzufangen und deinen Körper erst einmal auf Reset zu setzen. Detox heißt das Zauberwort. Detox ist in aller Munde, und man sagt, dass der Körper dabei entgiftet werden kann. Dass man ihn von sogenannten Schlacken, Giftstoffen oder unerwünschten Stoffwechselprodukten befreien kann. Und dem Körper damit wieder zu mehr Energie verhelfen kann.

Eigentlich ist der Körper von Natur aus mit einem fast perfekten eigenen Entgiftungskomitee ausgestattet. Haut, Leber, Niere und Darm heißen die Spezialisten, die Schadstoffe und Überflüssiges wieder aus dem Körper leiten. Wissenschaftlich ist nicht erwiesen, dass eine solche Detox-Kur den gewünschten Effekt hat. Dennoch ist es sinnvoll, dem Körper dabei zu helfen, dauerhaft „schlechte Angewohnheiten" loszuwerden. Das geht sicher nicht von null auf gleich, aber ein sanftes Loslassen beispielsweise von Alkohol, Nikotin, Koffein, Zucker, Weißmehl und gehärteten Fetten ist schon ein guter Anfang! Die Power-Smoothies und Supersäfte versorgen dich zusätzlich mit Vitalstoffen, Vitaminen, Mineralstoffen, Spurenelementen, sekundären Pflanzenstoffen, Ballaststoffen ... mit guten Dingen, die deinen Körper fit machen.

So startet dein „körpereigenes" Detox-Programm wie von selbst. Sobald sich ein positives Gefühl einstellt, vielleicht sogar das ein oder andere Pfündchen purzelt und du mit mehr Power durchstartest, wirst du wie von Zauberhand nach „Gesundem" verlangen und die „schlechten Angewohnheiten" links liegen lassen.

Das Entgiftungskomitee arbeitet für sich allein schon nahezu perfekt, braucht aber deine Unterstützung. Mit ausreichend Flüssigkeit – mindestens zwei Liter Wasser am Tag – kannst du den Nieren einen riesigen Gefallen tun, damit sie dein Blut filtern und Unbrauchbares leichter ausleiten können. Dein Stoffwechsel braucht regelmäßigen Nachschub an Vitaminen, sekundären Pflanzenstoffen und Mikronährstoffen, damit all seine Boten und Enzyme zuverlässig arbeiten und Unerwünschtes abbauen können. Belaste diese Helfer also nicht mit verarbeiteten Lebensmitteln, die Zusatzstoffe etc. enthalten. Um noch für eine gute Durchblutung des Entgiftungsteams und des gesamten Organismus zu sorgen, sind Bewegung und frische Luft wichtig. Dadurch wird das Lymphsystem aktiviert und alles Ungewollte leichter abtransportiert.

VEGANE ERNÄHRUNG

Da neben Detox auch Begriffe wie Veganismus oder Rohkost quasi allgegenwärtig sind, lohnt es sich, einen genaueren Blick darauf zu werfen: Vegane Ernährung heißt der komplette Verzicht auf tierische Lebensmittel, auch auf die mit tierischem Ursprung. Das ist im einen Fall aus ethischen, im anderen aus gesundheitlichen und im dritten vielleicht aus religiösen Gründen so gewählt. Aus Sicht der Wissenschaft kann jedoch eine lang anhaltende vegane Lebensweise bei ungenügendem Wissen und falscher Lebensmittelauswahl zu Mangelerscheinungen führen. Ein großer Teil der Nahrung – das ist richtig und wichtig – sollte jedoch aus pflanzlichen Nahrungsmitteln bestehen. Deshalb sind die meisten Getränke im Buch vegan. Bei den übrigen Drinks ist eine vegane Alternative angegeben.

ROHKOST

Rohkost ist für viele quasi gleich vegan, denn alles, was auch roh (also nicht über 42 °C erhitzt) ist und im Sinne der Rohkosternährung verzehrt werden kann, ist pflanzlichen Ursprungs. Wiederum ist hier nach wissenschaftlicher Meinung wegen großer Mangelerscheinungen eine ausschließliche Rohkosternährung nicht empfehlenswert. Wenn du aber zwischendurch rohe, unverarbeitete Lebensmittel mit in deinen Speiseplan aufnimmst, dann ist das für deinen Körper ein super Baustein, um an einen wichtigen Teil der essenziellen Nährstoffe zu gelangen.

Säfte, Smoothies und Vitaminwasser sind in Maßen also gut für dich und deinen Körper. Denn, wie sagte schon Paracelsus so schön: „Alle Dinge sind Gift, und nichts ist ohne Gift, allein die Dosis macht's, dass ein Ding kein Gift sei!"

SUPERSÄFTE & POWERDRINKS WAS STECKT DRIN?

Power – Detox – Super! Das, was in den Medien allgegenwärtig ist, das, was „in aller Munde" ist, das, was Wohlbefinden und Energie verspricht, was ist das eigentlich? Früher war Fasten angesagt, heute heißen die Zauberwörter, die positive Lebensenergie und einen gesunden Körper versprechen: Cleanses (= Saftkur) mit frischen Säften, Smoothies oder Infused Water! Getränke sollen reinigen und fit machen bzw. gesund halten.

Doch was können sie wirklich, diese vermeintlichen Superdrinks? Wie schon erwähnt, sind sie ein kleiner Baustein im großen Abenteuer Ernährung. Ein genauer Blick auf die Inhaltsstoffe lohnt sich: Säfte, Smoothies und Co. enthalten viel Obst und Gemüse und manchmal zusätzlich etwas Flüssigkeit wie Wasser. Obst und Gemüse sind, wie allseits bekannt, sehr gesund. Möglichst fünf Portionen am Tag sind nötig, um den Körper mit den notwendigen Nähr- und Vitalstoffen zu versorgen (Fünf-am-Tag-Regel). Optimalerweise sollten Obst und Gemüse in unterschiedlichen Varianten verzehrt werden, d. h., du solltest das Gemüse mal roh, mal gebraten, mal gedünstet essen.

Für manche Menschen scheint es nicht so einfach zu sein, wirklich fünf Portionen Obst und Gemüse am Tag zu sich zu nehmen. Da eignen sich Säfte und Smoothies hervorragend, um ein bis zwei Portionen davon in flüssiger Form aufzunehmen (aber bitte nur einen Smoothie als Mahlzeitenersatz und nicht mehr als ein bis zwei davon), zumal du auf diese Art und Weise schneller und einfacher an die nötige Menge Gemüse und Obst kommst. Sie sind kein absolutes Muss, aber ein schmackhaftes, fitmachendes Puzzlestück in deiner ausgewogenen Ernährung. Auch für eine gelegentliche „Reinigung" des Körpers eignen sich frische Smoothies und frisch gepresste Säfte sehr gut. Probier es aus. Vielleicht fühlst du dich danach superfit und gestärkt. Es gibt allerdings keine Garantie für ihren Nutzen. Und jeder Körper ist nun einmal individuell ...

Man sagt, dass aus frisch gepressten und gemixten Getränken Vitamine, sekundäre Pflanzenstoffe und Mineralstoffe vom Körper noch besser aufgenommen werden können, weil die Zellen durch die Zubereitung schon mal aufgeknackt und die tollen Wunderstoffe für den Körper quasi wie auf einem Silbertablett präsentiert werden. Perfekt also für den Körper und sein hauseigenes Detox-Programm ... und das sind die Stars im Einzelnen:

VITAMINE

Zu Vitaminen gibt es derart viel zu sagen und zu schreiben, dass man damit ein ganzes Buch füllen kann. Hier sei lediglich erwähnt, dass es eine sehr große Bandbreite an Vitaminen gibt. Und sie alle sind vor allem auch in frischem Obst, Gemüse und Blattgemüse enthalten. Und wer dieses großzügige Angebot der Natur nützt (hier gilt wieder die Fünf-am-Tag-Regel), deckt sich mit den kleinen Bausteinen für alle lebenswichtigen Stoffwechselfunktionen ein. Der Körper kann sie nicht selbst herstellen (mit den Ausnahmen Vitamin D und Niacin) und braucht sie deswegen mit der Nahrung zugeführt. Frisches Obst und Gemüse sind da natürlich viel besser als irgendeine Tablette.

SEKUNDÄRE PFLANZENSTOFFE

Z. B. Polyphenole, Flavonoide, Carotinoide – unter diesem weit gefassten Sammelbegriff finden sich unterschiedliche Substanzen (mehr als 100.000) mit verschiedensten Aufgaben: Sie geben den Pflanzen ihre Farbe, sie sind Schutzmechanismus gegen Feinde und sie regulieren das Wachstum der Pflanze. Sie zählen nicht zu den essenziellen Nährstoffen, beeinflussen aber unseren Stoffwechsel und haben gesundheitsfördernde Wirkung. Die Wissenschaft ist kräftig am Forschen und vermutlich wirken sie präventiv, beispielsweise gegen Krebs und Bluthochdruck, sind entzündungshemmend und antibakteriell.

CHLOROPHYLL

Es ist zwar ein sekundärer Pflanzenstoff, kann aber nicht richtig in deren reguläre Einteilung eingeordnet werden. Dieser Stoff, das Blattgrün, ist für die Fotosynthese der Pflanzen zuständig. Die Lichtenergie der Sonne wird dabei von ihm eingefangen und zusammen mit Kohlendioxid und Wasser in Sauerstoff und Glukose („Zucker") verwandelt. Es heißt, dass es im Körper – quasi als Zwillingsbruder des roten Blutfarbstoffs – beim Transport des Sauerstoffs im Blut, bei der Bildung neuer Blutkörperchen und bei der Reinigung des Bluts hilft. Zudem werden ihm beispielsweise antioxidative und krebshemmende Wirkungen nachgesagt. Also: Je grüner, desto besser! Je dunkler, desto mehr Chlorophyll steckt in den Pflanzen!

ANTIOXIDANTIEN

Sie sind die „natürlichen Zellschutzmittel" und sorgen dafür, dass freie Radikale (durch Umweltbelastungen oder UV-Strahlen gebildete Sauerstoffverbindungen) im Körper deaktiviert werden, sprich, sie verhindern deren unerwünschte Oxidation. Diese würden sonst beispielsweise Zellschäden verursachen. Viele antioxidativ wirksame Stoffe existieren zwar schon im Körper. Es müssen aber noch weitere, die beispielsweise als sekundäre Pflanzenstoffe in Obst und Gemüse stecken, aufgenommen werden. Beim Entsaften und Mixen im Hochleistungsmixer werden sie durch das Aufbrechen der Zellen in großer Anzahl freigesetzt.

BALLASTSTOFFE

Sie sind die Sattmacher der Drinks. Sie liefern dem Körper langsame Energie, sagen Heißhungerattacken den Kampf an und sind Wellness für den Darm. Die wertvollen Ballaststoffe stecken fast nur in pflanzlichen Lebensmitteln, also auch in frischem Obst, Gemüse und Salaten. Da diese „Kohlenhydrate" nicht verarbeitet werden können, aber den Darm gut füllen, sind sie wichtig für eine gut funktionierende Verdauung. Smoothies enthalten mehr von den gesunden Füllstoffen als Säfte – dort werden sie als Trester (Pressrückstände) wieder ausgeworfen.

DETOX, WELLNESS, ENTGIFTUNG

TIPPS & TRICKS

Auf ins Saft-Abenteuer! Wer sich darauf einlässt, kann seinem Körper helfen, die körpereigenen Mechanismen des Stoffwechsels anzukurbeln. Ein Vitaminkick pur, das tut einfach gut, das gibt Power und lässt dich zufrieden in den Tag starten. Hier werden keine Wunder versprochen oder Diät- oder Abnehmtipps gegeben. Hier bekommst du lediglich ein paar Ideen und Tricks, wie du deinen Körper ein wenig verwöhnen kannst, damit er dir lange Zeit gesund und fit zur Seite stehen kann ...

1. STARTE LANGSAM

Du könntest damit beginnen, zuallererst Alkohol, Nikotin und Koffein wegzulassen. Steigere dich, indem du nun möglichst Weißmehl- und Zuckerhaltiges sowie gehärtete Fette meidest und eine bewusste Auswahl der Lebensmittel zur Normalität werden lässt. Und wenn du dich dann bereit fühlst, kommen die Power-Smoothies, Detox-Drinks und Supersäfte mit ins Spiel.

2. WASSER MARSCH!

Die beste Detox-Aktion, die du für dich außerdem tun kannst: Ganz besonders viel und regelmäßig trinken! Achte darauf, dass dein Körper „flüssig" bleibt, denn nur so funktioniert auch das komplette Zufuhr- und Entgiftungssystem optimal. Wasser, ungesüßter Tee und die Vitaminwässerchen aus dem Buch sind dafür als Basisversorgung am besten geeignet.

3. FARBLEITFADEN INS GLÜCK

Trink dich einmal durch den Regenboden ... seine Farben haben, mal abgesehen von ihren Inhaltsstoffen, ganz verschiedene Wirkweisen auf den menschlichen Körper und seine Psyche. So soll Orange beispielsweise aufheiternd wirken, Rot dagegen eher anregend, Blau/Lila vielleicht beruhigend, Gelb wird erheiternde Wirkung nachgesagt und Grün entspannende, harmonisierende Eigenschaften. Auch das ist Wellness!

4. VIELLEICHT EINE WELLNESS-AUSZEIT?

Gönne dir ein Wochenende ganz für dich und deinen Körper. Streiche also, wie oben beschrieben, erst einmal all die „bösen" Dinge von deiner Einkaufsliste und ersetze sie durch die Zutaten aus den Drinks. Manch einer schwört auf eine Fastenzeit. Im Neudeutschen heißt das heute „Cleanse", was auch so viel wie Saftfasten bzw. Reinigungskur bedeutet. Klingt irgendwie klinisch, nicht wahr? Fasten kann nämlich auch Stress für den Körper sein. Das soll nicht sein! Und übertreiben sollte man es auch nicht, denn es soll ja auf jeden Fall guttun, deinem Körper einmal ein bisschen Ruhe und ein Rundum-Verwöhnprogramm zu bieten. Deswegen startest du am besten ein sanftes „Kurprogramm". Suche dir dazu aus den Rezepten ganz nach deinem Geschmack ein paar für morgens und abends aus, ergänze sie nach Belieben mittags mit leichten Gerichten und gönne dir dazu noch eine Massage, ein Bad, einen Saunabesuch oder was auch immer dir guttut!

SUPERPOWER DIE ZUSATZWERTE

Was die Powerdrinks obendrein können – an den verschiedenen Icons erkennst du auf einen Blick jeden seiner Zusatzwerte:

EXTRA-DETOX

Eine Extraportion „Entgiftung" gefällig? Dann bekommst du mit diesen Drinks schnelle Abhilfe. Die enthaltenen Zutaten regen nämlich die Leber und den Stoffwechsel an und helfen dabei, die „Giftstoffe" aus dem Körper auszuspülen. Dazu gibt es noch eine Zusatzdosis wichtiger Vitamine und Mineralstoffe.

EXTRA-ENERGIE

Das sind Muntermacher, Energiespender und Leistungspusher – mit viel buntem Obst und Gemüse unterstützen sie deinen Körper, wenn er mal zwischendurch schlappzumachen droht. Oder vielleicht als Kick-Start für einen munteren Tag?

SEELENSCHMEICHLER

Sie bringen Glück und hellen die Stimmung auf, wenn es trist und eintönig zu werden droht. Mit ihren Gute-Laune-Machern versorgen sie dich mit Endorphinen und anderen Glücksstoffen. So spülen sie die schlechte Laune weg und tun der Seele gut.

SCHLANKMACHER

Mit Fettverbrennern und Sattmachern protzen diese Drinks und helfen dem Körper beim Gewichtsverlust. Sie haben meist körperstraffende und festigende Wirkung – das tut für ein schlankes Körpergefühl extra gut! Obendrein sind sie sehr kalorienarm und belasten deinen Körper nicht unnötig mit Zucker und Co.

IMMUNBOOST

Wenn dein Körper eine kräftige Portion Unterstützung braucht, damit das Immunsystem gestärkt wird, dann sind diese Drinks mit ihrer Vitamin- und Antioxidantienfülle gefragt. Sie enthalten viel Gutes gegen Grippe, Keime und Ballast und sollen dir über manch träge Phase oder extreme Stresszeiten hinweghelfen.

GRUNDREZEPTE

SUPER-DETOX-FRÜHSTÜCKS-SMOOTHIE – EINER FÜR ALLES!

Ein Grundrezept für einen Universal-Drink. Ein Smoothie, den du jeden Tag trinken kannst. Am besten morgens, damit dein Körper in Schwung kommt! Wenn du es gehaltvoll magst, dann verwende Chiasamen bzw. Chiagel. Chiasamen schmecken neutral, sind ein prima Bindemittel in der veganen Ernährung und enthalten Kalzium, Eisen, Antioxidantien, sind ballaststoffreich, ein guter Lieferant von pflanzlichem Eiweiß und essenziellen, mehrfach ungesättigten Fettsäuren (Omega-3 und -6). Für das Blattgemüse kannst du vielfältig auswählen (siehe Ideensammlung S. 16/17) was dir schmeckt und du täglich abwechseln kannst. So bringst du eine bunte Bandbreite an Nährstoffen ins Glas und hast außerdem nicht die Gefahr zu hoher Schadstoffbelastung aus den grünen Blättern (z. B. Nitrat aus dem Anbau). Probiere aus, was dir schmeckt und bekommt, vielleicht muss sich dein Körper auch erst einmal an die große Menge Grünzeug, Obst und Gemüse gewöhnen.

ZUTATEN

Für 2 Portionen

1 kleines Stück Ingwer, nach Belieben

1 Handvoll Blattgemüse (ca. 50 g)

1 Kiwi

½ Apfel

1–2 getrocknete Datteln ohne Stein

250 ml Wasser oder Kokoswasser

3–4 EL Chiagel (siehe Tipp), nach Belieben

1. Den Ingwer waschen oder schälen und quer zur Faser in kleinere Scheibchen schneiden. Das Blattgemüse verlesen, putzen, waschen und nach Bedarf grob klein schneiden. Die Kiwi schälen und vierteln. Den Apfel waschen, halbieren und Kerngehäuse entfernen.
2. Alle Zutaten (nach Belieben auch das Chiagel) im Mixer fein pürieren, in ein Glas geben, evtl. Chiagel einrühren und sofort genießen.

TIPP

Für die Verwendung der Chiasamen kannst du dir ein Chiagel vorbereiten, das sich einige Tage im Kühlschrank hält und mühelos portioniert werden kann. Hier hast du zwei Möglichkeiten: Entweder du gibst die ganzen Körner in den Smoothie oder du mixt und mahlst sie fein im Smoothie (Ein Hochleistungsmixer schafft das Chiagel. Andernfalls bitte vorher in einer Mühle mahlen und als Pulver zugeben, Achtung beim Einrühren, dass sich keine Klümpchen bilden!). Das Chiagel bereitest du folgendermaßen zu: Nimm 5 EL Chiasamen (ca. 45 g) und rühre sie langsam und nach und nach mit 300 ml Wasser an. Du musst immer gut rühren, damit sich keine Klumpen bilden. Kurz quellen lassen und anschließend noch einmal gut durchrühren. Du kannst das Gel jetzt gleich verwenden oder auch zunächst über Nacht im Kühlschrank ausquellen lassen.

NUSSDRINK

Hier ein Grundrezept, wie du dir Nussdrinks einfach selbst herstellen kannst, ohne Zusätze, einfach nur pur aus Nuss oder Samen. Hier sind deiner Fantasie und deinem Geschmack kaum Grenzen gesetzt. Probier dich durch: Kokosnuss, Cashewkerne, Haselnüsse, Mandeln, Erdnüsse, Kürbiskerne, Hafer, Soja, Reis, Walnüsse, Sesamsamen, Sonnenblumenkerne ... Diese Flüssigkeiten (auch Kombucha und Wasserkefir von S. 24/25) kannst du als Grundlagen für die meisten Drinks im Buch anstelle von Wasser verwenden. Auch pur schmecken sie wunderbar!

ZUTATEN

Für 1 Liter

150 g Nüsse, Samen, Kerne oder Getreide

1 l Wasser

Mulltuch, Passiertuch oder anderes sehr feinmaschiges Stofftuch

1. Die Nüsse in einer Schüssel gut mit Wasser bedeckt einweichen. Einige Stunden oder über Nacht (je nach Härte bzw. Festigkeit) bei Zimmertemperatur stehen lassen. Anschließend abgießen.
2. Nüsse mit Wasser im Mixer sehr fein pürieren (1–2 Minuten), durch ein Mulltuch abgießen, den Trester gut ausdrücken und den Nussdrink weiterverwenden oder pur genießen.

TIPP

Wenn du deinen Nussdrink noch etwas süßen oder verfeinern möchtest, kannst du dafür verschiedene Gewürze (wie Zimt, Kardamom oder Vanille), Süßungsmittel (wie Agavendicksaft oder Honig) oder auch Trockenfrüchte (z. B. Datteln, Aprikosen oder Rosinen) verwenden.

ALTERNATIV

Den Nusstrester kannst du trocknen und als Zugabe ins Müsli geben, zum Backen oder für Energieriegel/-kugeln verwenden oder den Smoothie damit verfeinern. Auch lecker ist ein Nussaufstrich: Dazu den Nusstrester mit Kakaopulver und einem Süßungsmittel nach Wahl mischen. Besonders gut kannst du den Trester mit einem Nussmilchbeutel abfiltern.

KOMBUCHA

Es gibt neben Wasser und Nuss- bzw. Getreidedrinks auch weitere Getränke, die du als Verflüssiger in den Smoothies einsetzen oder pur genießen kannst. Kombucha und Wasserkefir sind zwei durchaus interessante Getränke, die hier, auch wegen ihrer gesundheitlichen Bedeutung, nicht unerwähnt bleiben sollen (es gelten vielfältige Heilwirkungen, die jedoch bislang nicht wissenschaftlich bestätigt sind). Sowohl Kombucha als auch Wasserkefir-Getränke werden mithilfe von Kulturen aus Hefen und Milchsäurebakterien angesetzt und durch einen Gärprozess hergestellt. Beide sind nämlich fermentierte Getränke, die den Darm zum Beispiel mit ihren Milchsäurebakterien verwöhnen. Und wir wissen ja, ist der Darm gesund, ist auch der Mensch dazu gesund!

Der Kombucha-Pilz kann in seiner Ansatzflüssigkeit zwei bis drei Wochen gekühlt/ bei Zimmertemperatur ruhen.

ZUTATEN

Für 1 Liter

1 l Wasser

8–10 g Grün- oder Schwarztee

90 g (Rohrohr-)Zucker

Kombucha-Pilz/-Kultur mit Ansatzflüssigkeit

großes Gärgefäß

luftdurchlässiges Baumwolltuch

Gummiring

1. Das Wasser aufkochen, Tee hineingeben und ca. 15 Minuten ziehen lassen. Abgießen. Den Zucker unter Rühren im Tee auflösen und den Tee auf Zimmertemperatur abkühlen lassen.
2. Den Kombucha-Pilz mitsamt der Ansatzflüssigkeit in ein großes Gärgefäß geben, den Tee zugießen und zum Schutz mit einem Tuch und einem Gummiring verschließen.
3. Das Gefäß an einen ruhigen, warmen Platz stellen und dort 6–14 Tage ziehen/gären lassen. Je wärmer die Umgebungstemperatur, desto schneller verläuft die Fermentation.
4. Den fertigen Kombucha in Flaschen abfüllen und im Kühlschrank kühlen. Er lässt sich ca. eine Woche aufbewahren. Vom fertigen Kombucha ca. 10–15 % Flüssigkeit für den Folgeansatz aufbewahren. Den Kombucha-Pilz nach jedem Gebrauch unter fließendem kaltem Wasser abwaschen, das Gärgefäß heiß ausspülen und erst dann wieder mit einem Neuansatz beginnen.

WISSEN

Wasserkefir- und Kombucha-Kulturen dürfen nicht mit Metall in Berührung kommen, dadurch können sie beeinträchtigt oder zerstört werden. Bitte nur Plastiklöffel und -siebe verwenden. Fertige Getränke entsorgen, sobald sie muffig riechen oder merkwürdig schmecken. Kulturen und Gefäß gründlich ausspülen und mit einem Neuansatz beginnen. Achte darauf, dass du alle Geräte und deine Hände vor dem Arbeiten reinigst. Einerseits sind beide Kulturen gegen chemische (Reinigungs-)Stoffe empfindlich, andererseits können so Keime ferngehalten werden.

WASSERKEFIR

Mit Zitronenschale oder Ingwer lassen sich leckere limonadeähnliche Getränke zaubern – ein bisschen Geduld und Fingerspitzengefühl braucht es aber schon.

ZUTATEN

Für 1 Liter

1 l Wasser

80 g (Roh- oder Vollrohr-)Zucker

2–3 EL Wasserkefir-Kristalle

1 Zitronenscheibe

2 getrocknete Feigen oder Aprikosen (am besten ungeschwefelt)

Gärgefäß

1. Das Wasser in das Gärgefäß geben, den Zucker darin auflösen. Nacheinander die Kristalle, Zitronenscheibe und Trockenobst zugeben.
2. Nun das Gärgefäß fest, aber so verschließen, dass die entstehende Kohlensäure noch entweichen kann. Das Gärgefäß sollte an einem warmen Ort 1–3 Tage stehen.
3. Wenn der Kefiransatz fertig ist, Trockenfrüchte und Zitronenscheibe entfernen und das Getränk durch ein Plastiksieb in eine oder mehrere Flaschen abfüllen und im Kühlschrank kühlen. Die Kristalle im Sieb unter fließendem Wasser kurz abwaschen und das Gärgefäß heiß ausspülen. Anschließend kann mit einem neuen Ansatz begonnen werden.

REZEPTE

Volle Saft-Kraft voraus! Frisch, lecker und selbst gemixt – so lautet die Devise bei den folgenden Rezepten. Du findest eine bunte Mischung aus Vitaminwässerchen, (grünen) Smoothies, Säften und Limonaden – alles nach Jahreszeiten eingeteilt, damit der Einkauf kein Hürdenlauf wird …

FRÜHLING

Frühlingsgefühle, Frühlingsluft, knackiges Grün, frische Farben und junges Gemüse! Erwache auch du mit dem Frühling und nutze das frische Potpourri an zarten Frühlings-Zutaten für deine Drinks!

Schlank
MACHER

ROTES KRÄUTERWASSER

Was wäre der Frühling ohne seine frischen Kräuter? Kombiniert mit der Beere Nummer eins des Frühlings, bekommst du ein würziges Vitaminwasser aufgetischt!

ZUTATEN

Für 4 Portionen

150 g Erdbeeren

1 Handvoll gemischte Frühlings- und/oder Wildkräuter (z. B. Basilikum, Minze, Löwenzahn, Melisse, Giersch)

1 l Wasser

1 EL rote Pfefferbeeren

SO GEHT'S

1. Die Erdbeeren waschen, putzen und grob klein schneiden bzw. halbieren oder vierteln. Die Kräuter verlesen, waschen und trocken schütteln. Zusammen mit einem Trinkglasboden auf einer glatten Unterlage (Schneidbrett o. Ä.) andrücken, sodass sich die Zellen öffnen.
2. Das Wasser in eine Karaffe gießen und alle Aromenzutaten hineingeben. Mindestens 2 Stunden im Kühlschrank ziehen lassen. Anschließend gekühlt genießen.

WISSEN

Die verschiedenen Kräuter kannst du nach Lust und Laune kombinieren – sie haben unterschiedliche Eigenschaften: So wirkt Basilikum beispielsweise magenstärkend, antibakteriell oder verdauungsfördernd, Minze ist entzündungshemmend, schmeckt einfach erfrischend, sollte aber nicht übermäßig oft verzehrt werden. Löwenzahn dagegen soll die Abwehrkräfte stärken und blutbildend wirken. Zitronenmelisse wirkt beruhigend und Giersch ist das optimale Detox-Kraut, denn er wirkt entwässernd und entzündungshemmend.

EXTRA
DETOX

FRISCH-GRÜNES BRENNNESSELWASSER

Sie brennen nicht – die zarten Spitzen! Ein, zwei Blattspitzen werden von jeder Pflanze gepflückt und geben diesem Vitaminwasser eine Extraportion Vitalkraft.

ZUTATEN

Für 4 Portionen

1 großer Apfel

1 kleine Handvoll junge Brennnesselspitzen

3 Spalten einer ½ Bio-Zitrone

1 l Wasser

SO GEHT'S

1. Den Apfel waschen, vierteln, Kerngehäuse entfernen und jedes Viertel nochmals in 4 Stücke teilen. Brennnesseln verlesen und waschen. Mit einem Trinkglasboden auf einer glatten Unterlage (Schneidbrett o. Ä.) andrücken, sodass sich die Zellen öffnen.
2. Das Wasser in eine Karaffe gießen und alle Aromenzutaten hineingeben. Mindestens 2 Stunden im Kühlschrank ziehen lassen. Anschließend gekühlt genießen.

VARIANTE

Falls du keine Brennnesseln finden solltest, kannst du diesem Vitaminwasser auch andere Kräuter zugeben, beispielsweise Zitronenmelisse, Zitronenverbene oder Basilikum.

IMMUN
BOOST

ROTER MANGO-SMOOTHIE

Cremig und sanft, aber mit viel Wumms! Dieser Smoothie ist ideal für Einsteiger, die eine Mahlzeit ersetzen möchten oder auf der Suche nach einem sättigenden Frühstücksdrink sind.

ZUTATEN

Für 2 Portionen

½ Mango

2 Orangen

1 Apfel

2 TL Acaipulver

150 ml Wasser

SO GEHT'S

1. Die Mango schälen, Kern entfernen und das Fruchtfleisch grob klein schneiden. Die Orangen schälen und grob zerteilen. Apfel waschen, halbieren, vierteln und Kerngehäuse entfernen.
2. Alle Zutaten im Mixer fein pürieren, auf zwei Gläser verteilen und sofort servieren.

VARIANTE

Tausche das Wasser für die Zubereitung mal gegen Kokoswasser, mal gegen Kombucha aus. Und als Frühstücksdrink kannst du diesen Smoothie mit etwas Haferflocken oder Chiagel (siehe S. 22) aufpeppen.

TIPP

Der Aceto balsamico gibt diesem Smoothie den würzigen Ausgleich. Du kannst hier gerne auch mit einem anderen Essig oder Tabasco experimentieren.

BLOODY-RED-SMOOTHIE

Gojibeeren – auch der Gemeine Bocksdorn genannt – sind aus der traditionellen chinesischen Medizin zu uns geschwappt und gelten dort als immunstärkend.

ZUTATEN

Für 2 Portionen

2 EL Gojibeeren

100 ml Wasser

2 Tomaten

100 g Erdbeeren

½ Banane

1 TL Aceto balsamico

SO GEHT'S

1. Die Gojibeeren mindestens 30 Minuten in ca. 100 ml Wasser einweichen. Tomaten waschen, halbieren und den Stielansatz entfernen. Erdbeeren waschen, putzen und halbieren. Die Banane schälen und halbieren.
2. Alle Zutaten zusammen (samt Einweichwasser) im Mixer fein pürieren. Sofort in zwei Gläsern servieren.

WISSEN

Gojibeeren gibt es getrocknet oder als Saft. Sie sollen das Immunsystem stärken und antioxidativ wirken. Nimm sie einfach zum Knabbern, ins Müsli, zu Quark oder Joghurt oder auch mal in herzhaften Reisgerichten, als Alternative zu Rosinen. Du kannst sie wie oben beschrieben einweichen oder pur genießen. Ein bis zwei Esslöffel pro Tag reichen aus, damit sie ihre volle Vitalkraft entfalten können.

EXTRA
ENERGIE

GRÜNES ÄPFELCHEN

Frisch und knackig, so sind Kresse, Salat und Kohlrabigrün in der Frühlingszeit – besonders jetzt strotzen sie auch von Aroma und Saftigkeit!

ZUTATEN

Für 2 Portionen

½ Kästchen Kresse

1 Handvoll Salat
(z. B. frischer Kopfsalat)

1 Handvoll Kohlrabigrün

2 Äpfel

250 ml Wasser

SO GEHT'S

1. Die Kresse abschneiden und eventuell waschen. Die Salatblätter und das Kohlrabigrün putzen, waschen und grob klein schneiden. Die Äpfel waschen, halbieren, vierteln und Kerngehäuse entfernen.
2. Alle Zutaten in einen Mixer geben und fein pürieren. Den Smoothie auf zwei Gläser verteilen und sofort servieren.

VARIANTE

Statt Wasser kannst du hier auch gut Wasserkefir verwenden (siehe S. 25).

SEELEN
Schmeichler

TIPP

Wenn du Koriandergrün mit kleinen Würzelchen bekommst, dann verwende sie mit im Smoothie – sie geben ein feines Extraaroma!

DATTELN IM GLÜCK

Ein bisschen Orient, ein bisschen Asien! Egal woher – dieser Fusion-Smoothie ist auf jeden Fall lecker, saftig, würzig und frisch zugleich ...

ZUTATEN

Für 2 Portionen

2 Möhren (mit Grün)

3 Stängel Koriandergrün

50 g junger Blattspinat/ Babyspinat

3 getrocknete Datteln, ohne Stein

1 Apfel

250 ml Wasser

SO GEHT'S

1. Die Möhren vom Grün trennen, schälen und grob klein schneiden. Das Grün der Möhren, Koriandergrün und Spinat verlesen, waschen und ebenfalls grob klein schneiden. Den Apfel waschen, vierteln und Kerngehäuse entfernen.
2. Alle Zutaten zusammen in einem Mixer pürieren, auf zwei Gläser verteilen und sofort genießen.

WISSEN

Als Popeye Spinat aß, da dachte noch niemand an grüne Smoothies. Er hatte trotzdem recht, denn im Spinat stecken eine Vielzahl an guten Eigenschaften. Als grünes Blattgemüse enthält er besonders viel Chlorophyll (siehe S. 13). Für die Drinks verwendest du am besten Babyspinat, junge Spinatblätter im Frühjahr und Sommer, aber auch der Herbst- und Winterspinat sind geeignet, brauchen lediglich mehr Vorbereitungs- und Reinigungsarbeit.

IMMUN
BOOST

QUER DURCHS GEMÜSEBEET

Die Radieschen geben diesem Saft das gewisse Etwas! Besonders die zarten Blättchen liefern auch in Gerichten ein zartwürziges Aroma, landen aber leider oft zu Unrecht im Müll!

ZUTATEN

Für 2 Portionen

4 Möhren (mit Grün)

4 Stangen Staudensellerie

5 Radieschen (mit Grün)

2 Äpfel

½ Zitrone

SO GEHT'S

1. Die Möhren vom Grün befreien, waschen und in grobe Stücke schneiden. Das Grün verlesen, waschen und grob klein schneiden. Staudensellerie und Radieschen ebenfalls waschen. Die Radieschen vom Grün befreien und in Stücke schneiden. Das Grün verlesen, waschen und grob klein schneiden. Staudensellerie ebenfalls in Stücke teilen bzw. halbieren. Äpfel waschen, halbieren, vierteln und Stiele entfernen. Die halbe Zitrone mitsamt der weißen Haut schälen und halbieren.
2. Alle Zutaten gemischt, aber nacheinander entsaften, auf zwei Gläser verteilen und sofort servieren.

VARIANTE

Mit etwas Ingwer oder mit frisch entsaftetem Weizengras wird dieser schmackhafte Frühlingsdrink zum Turbo-Booster!

Schlank
MACHER

SCHWARZES APFELGLÜCK

Die Schwarze Johannisbeere ist eine der ersten Beeren, die die Natur im Jahr bereithält. Mit ihren vielen gesunden „Farbstoffen" betört sie Auge, Körper und Seele!

ZUTATEN

Für 1 Portion

150 g Schwarze Johannisbeeren

2 Zweige Minze

2 Äpfel

SO GEHT'S

1. Die Johannisbeeren waschen, verlesen und von den Stielen streifen. Minze ebenfalls waschen und in Streifen schneiden. Äpfel waschen, vierteln und Stiele entfernen.
2. Alle Zutaten gemischt, aber nacheinander entsaften, in ein Glas gießen und sofort genießen.

TIPP

Es gibt auch Schwarzen Johannisbeer-Muttersaft! Dieser ist eine prima Alternative, wenn die frischen Beeren gerade nicht Saison haben.

IMMUN
BOOST

BABY BERRY!

Was wäre der Frühling ohne Erdbeeren! Schöpfe aus dem Vollen und genieße diese leckere Superbeere solange es sie frisch vom heimischen Feld gibt ...

ZUTATEN

Für 1 Portion

200 g Erdbeeren

3 Möhren (mit Grün)

50 g frischer junger Blattspinat oder Babyspinat

1 kleines Stück Ingwer

SO GEHT'S

1. Die Erdbeeren waschen, putzen und halbieren. Die Möhren vom Grün befreien, waschen und trocken reiben. Das Grün verlesen, waschen und grob klein schneiden. Spinat ebenfalls verlesen, waschen, trocken schütteln und grob schneiden. Den Ingwer waschen oder schälen und in 2–3 Stücke schneiden.
2. Alle Zutaten gemischt, aber nacheinander entsaften, auf zwei Gläser verteilen und sofort servieren.

WISSEN

Ingwer kann Schmerzen vertreiben und Entzündungen lindern. Mit seinen Scharfstoffen ist er quasi ein natürliches Schmerzmittel. Du kannst daher in diesem Drink die verwendete Menge gerne nach Belieben auch ein wenig erhöhen. Generell solltest du dich erst einmal langsam an die Ingwermenge herantasten. Nimm erst ein kleines Stück, ca. 1 cm, und gib lieber noch nach, denn Schärfeempfinden ist etwas sehr Subjektives.

EXTRA
DETOX

SAURE MANGO-STANGE

Der Sauerampfer wächst auf feuchten Wiesen und bietet Frühlingsfitness pur. Mit seinem limettensäuerlichen Geschmack gibt er diesem Drink das perfekte Aroma.

ZUTATEN

Für 1 Portion

1 Handvoll frischer Sauerampfer

150 g grüner Spargel

100 g Erdbeeren

½ Mango

SO GEHT'S

1. Den Sauerampfer verlesen, waschen, trocken schütteln und grob schneiden. Spargel waschen und nach Bedarf etwas schälen. Die Erdbeeren waschen, putzen und halbieren. Die Mango schälen, Kern entfernen und das Fruchtfleisch grob klein schneiden.
2. Alle Zutaten gemischt, aber nacheinander entsaften, in ein Glas gießen und sofort genießen.

WISSEN

Grüner Spargel schmeckt auch roh und hat quasi null Kalorien – klasse! Denn so kannst du diesen knackfrischen Schlankmacher auch mal als leckeren Salat, kurz gezogen in einer leichten Dressing-Marinade, genießen. Mit seinem hohen Kaliumgehalt und der enthaltenen Asparaginsäure ist er außerdem die perfekte Detox-Waffe.

Schlank
MACHER

FRISCHER KRÄUTER-DETOX-TEE

Tee tut einfach gut! Egal, ob als Eistee oder warm, an einem kalten Frühlingstag ohne Sonne. Diese Detox-Kräuter zaubern wahre Wunder-Inhaltsstoffe ins Glas!

ZUTATEN

Für 4 Portionen

1 l Wasser

insgesamt 1 Bund Frühlingskräuter, nach Belieben (siehe Tipp)

SO GEHT'S

1. Das Wasser zum Kochen bringen. Die Kräuter in der Zwischenzeit verlesen, waschen und in eine Teekanne geben. Mit dem kochenden Wasser übergießen und ca. 8–10 Minuten ziehen lassen. Du kannst den Tee nun warm oder kalt genießen.

TIPP

Für diesen Tee kannst du beispielsweise zu den folgenden Detox-Kräutern greifen: Gartenkräuter wie Koriander, Kerbel oder Minze oder Wildkräuter wie Brennnessel, Löwenzahn, junge, zartgrüne Birkenblätter oder Giersch.

EXTRA
ENERGIE

APFEL-HOLLER-SLUSHY

Holunder gehört zum Frühjahr wie Max zu Moritz! In seiner vollen Pracht liefert er uns zuerst entzündungshemmende Blüten, worauf im Sommer die Beeren mit ihrer Wunderwirkung reifen …

ZUTATEN

Für 2 Portionen

3 Äpfel (ergibt ca. 200–250 ml Apfelsaft)

5 Minzblätter

50 g Babyspinat

2 EL Holunderblütensirup

200 ml Kokoswasser

SO GEHT'S

1. Die Äpfel waschen, halbieren, vierteln, Stiele entfernen. Dann entsaften, in Eiswürfelbehälter füllen und im Gefrierschrank fest werden lassen.
2. Minze und Spinat verlesen, waschen und trocken schütteln. Beides mit Sirup, Kokoswasser und den Apfelsaft-Eiswürfeln im Mixer fein pürieren. Den Smoothie auf zwei Gläser verteilen und sofort servieren.

TIPP

Gefrorene Bananen geben Smoothies eine wunderbar sämige Textur und schmecken natürlich gekühlt besonders lecker, da die Gefahr des Verwässerns durch Eiswürfel definitiv nicht besteht. Experimentiere einfach nach Lust und Laune – gerne auch auf Grundlage der Rezepte im Buch.

Schlank
MACHER

ZITRONENFEINE ERDBEERLIMO

Limonade ist so einfach selbst gemacht und du kannst wunderbar den Süßegrad bestimmen – also her mit der feinen Beerenbrause!

ZUTATEN

Für 4 Portionen

200 g Erdbeeren

5 Zweige Zitronenmelisse

1 Limette

40–50 g Agavendicksaft oder Kokosblütendicksaft

100 ml Wasser

1 l Mineralwasser

SO GEHT'S

1. Die Erdbeeren waschen, putzen und halbieren. Die Melisse waschen, Blättchen von den Stielen zupfen und in Streifen schneiden. Die Limette auspressen. Erdbeeren, Melisse und Limettensaft in einer Schüssel mischen. Den Dicksaft unter Rühren in 100 ml warmem Wasser auflösen und über die Erdbeermischung geben, mindestens 20 Minuten ziehen lassen.
2. Die Erdbeermischung fein pürieren und mit gut gekühltem Mineralwasser auffüllen. Nach Belieben Eiswürfel zugeben und genießen.

TIPP

Die Erdbeermischung kannst du auch gut 1–2 Tage vorher zubereiten und gut gekühlt im Kühlschrank aufbewahren.

SOMMER

Sommer, oh Sommer! Mit deiner ganzen Pracht wirst du schon sehnsüchtig erwartet. Dein großes Repertoire an Früchten, Beeren und frischen Gemüsesorten wird ratzfatz ins Glas gepackt ...

Schlank MACHER

TIPP

Für zusätzliche Kühlung und eine ansprechende Optik: Eiswürfelbehälter mit Heidelbeeren und Wasser befüllen, fest werden lassen und im Wässerchen servieren.

BUNTES SOMMER-WÄSSERCHEN

Etwas Blaues, etwas Süßes und etwas Herbes – die perfekte Kombi für ein erfrischendes Vitaminwasser – am besten gut gekühlt mit Eis!

ZUTATEN

Für 4 Portionen

100 g frische Heidelbeeren

1 Pfirsich

1 Zweig Rosmarin

1 l Wasser

SO GEHT'S

1. Die Heidelbeeren verlesen, waschen und mit einem Messerrücken leicht anquetschen. Den Pfirsich waschen, halbieren, Kern entfernen und das Fruchtfleisch in schmale Spalten schneiden. Den Rosmarinzweig waschen. Die Nadeln am Zweig mit einem Trinkglasboden auf einer glatten Unterlage (Schneidbrett o. Ä.) leicht andrücken, sodass sich die Zellen öffnen.
2. Das Wasser in eine Karaffe gießen und alle Aromenzutaten hineingeben. Mindestens 2 Stunden im Kühlschrank ziehen lassen. Anschließend gekühlt genießen.

WISSEN

Heidelbeeren enthalten eine hohe Konzentration an sekundären Pflanzenstoffen, Vitaminen und Antioxidantien. Wenn du die wilden Blau- oder Heidelbeeren wählst, bekommst du noch mehr der guten Vitalstoffe geliefert als von den Kulturheidelbeeren. Auch als Heilpflanze ist die Beere im Einsatz – als Heilmittel gegen Durchfall beispielsweise.

IMMUN
BOOST

CREMIGER HIMBEER-SMOOTHIE

Diesen Smoothie kannst du auch mit Wasserkefir statt Mandeldrink zubereiten. Es ist einen Versuch wert – wer sich darauf einlässt, wird mit einer Geschmacksexplosion belohnt!

ZUTATEN

1 Portion

75 g frische Himbeeren

1 Zweig Minze

1 kleines Stück Banane (¼ bis ½, je nach gewünschter Cremig- und Sämigkeit)

150 ml Mandeldrink

SO GEHT'S

1. Die Himbeeren verlesen, waschen und abtropfen lassen. Die Minze ebenfalls waschen und die Blättchen in Streifen schneiden. Die Banane schälen.
2. Alle Zutaten im Mixer fein pürieren, in ein Glas gießen und sofort genießen.

WISSEN

Himbeeren gelten seit dem Altertum als Heilpflanzen, sollen Abwehrkräfte stärken und wundheilend und entzündungshemmend wirken. Auch sie besitzen, wie die meisten anderen Beerenobstsorten, viel Vitamin C, sekundäre Pflanzenstoffe und Mineralstoffe. Zudem sind sie kalorienarm. Also ein Rundumsorglos-Paket für den Körper!

VARIANTE

Für einen etwas frischeren Geschmack kannst du noch den Saft von einer halben Limette zugeben. Oder du ersetzt den Mandeldrink durch Wasserkefir (siehe S. 25). Sehr frisch und lecker!

IMMUN
BOOST
TIPP
Nimm Kokos-
flocken als feines
Topping!

WÜRZIGER HEIDEL-BEER-SMOOTHIE

Heidelbeeren bringen Farbe ins Glas – umso mehr, wenn du die „wilde" Form wählst, denn anders als bei Kulturheidelbeeren sitzt hier die blaue Farbe auch im Fruchtfleisch!

ZUTATEN

Für 2 Portionen

1 großer Apfel

2 Möhren

100 g frische Heidelbeeren

1 kleines Stück Ingwer

150 ml Kokoswasser

SO GEHT'S

1. Den Apfel waschen, vierteln und Kerngehäuse entfernen. Die Möhren schälen und in grobe Stücke schneiden. Heidelbeeren verlesen, waschen und abtropfen lassen. Den Ingwer waschen und quer zur Faser grob klein schneiden.
2. Alle Zutaten im Mixer fein pürieren. Auf zwei Gläser verteilen und sofort genießen.

VARIANTE

Diesen Drink kannst du zu deinem Standard-Lieblingsdrink küren, denn mit Heidelbeeren aus der Gefriertruhe lässt er sich das ganze Jahr über mixen.

EXTRA
ENERGIE

ROT-GRÜNER MELONENTRAUM

Für diesen Smoothie kannst du aus der vollen Melonenvielfalt auswählen! Besonders gut schmecken Galia-, Honig- oder Netzmelone.

ZUTATEN

Für 2 Portionen

½ Melone (z. B. Galia- oder Honigmelone)

1 Möhre (mit Grün)

¼ rote Paprikaschote

4 Stängel Petersilie

200 ml Wasser

SO GEHT'S

1. Die Melone schälen und in grobe Stücke schneiden. Die Möhre schälen und in grobe Stücke schneiden. Die Paprikaschote putzen, waschen und vierteln. Petersilie waschen, trocken schütteln und grob klein schneiden.
2. Alle Zutaten im Mixer fein pürieren. Auf zwei Gläser verteilen und sofort genießen.

WISSEN

Möhren klingen irgendwie unspannend. Aber weit gefehlt! In ihnen stecken wahre Alleskönner! Zudem sind sie (fast) immer und überall verfügbar. Und sie scheinen den Deutschen zu schmecken, denn jeder isst knapp 9000 Stück davon im Leben. Mild und leicht süßlich im Geschmack, saftig-knackig in ihrer Konsistenz. Sie sind prall gefüllt mit Nährstoffen und mit dem enthaltenen Beta-Carotin eine gute Vitamin-A-Quelle für Vegetarier und Veganer.

WISSEN

Aus Weizenkörnern gezogenes und gewachsenes Weizengras kann mit einer Vielzahl an Vitalstoffen in den Säften und Smoothies punkten. Es kann sowohl entsaftet als auch gemixt werden. Weizengras kannst du frisch leider nicht im Supermarkt bekommen. Entweder du steigst auf die Pulverform um oder du versuchst dich im Eigenanbau (siehe Tipp). Am besten ist es das Weizengras immer frisch zu verarbeiten bzw. zu entsaften. Die Ernte hält sich zur Not aber auch ein paar Tage luftdicht verpackt im Kühlschrank.

SOMMER-POWER

Schön fruchtig, doch sommerlich frisch und mit einer gehörigen Portion Weizengras-Power – so kann der Sommer auch schmecken!

ZUTATEN

Für 2 Portionen

2 Nektarinen

½ Gurke

1 Orange

1 Handvoll Weizengras (ersatzweise ½ TL Weizengraspulver)

100 ml Kokoswasser (oder Wasserkefir)

SO GEHT'S

1. Die Nektarinen waschen, halbieren und vom Kern befreien. Gurke waschen und in grobe Stücke teilen. Die Orange mitsamt der weißen Haut schälen und vierteln. Weizengras waschen und grob klein schneiden.
2. Alle Zutaten im Mixer fein pürieren. Auf zwei Gläser verteilen und sofort genießen.

TIPP

Für die Anzucht von Weizengras brauchst du eine flache Aussaatschale (gefüllt mit ca. 5cm Bioerde). Das Wasser sollte durch Löcher im Boden abfließen können. Am besten eignen sich keimfähige Weizensamen (ca. 100 g pro Schale, in Bioqualität), die vor der Aussaat 1–2 Tage keimen konnten (anfangs mit kaltem Wasser waschen, dann 2–3-mal in jeweils frischem Wasser 10–12 Stunden einweichen). Auf der Erde ausbreiten, leicht andrücken und feucht halten. Dann mit einem feuchten Tuch abdecken, damit die Keimlinge nicht so schnell austrocknen. Sobald die ersten Blätter sichtbar werden, aufdecken, weiter gießen und bei ca. 10–15 cm Länge mit einer Schere ernten (nach ca. 1 Woche).

SEELEN
Schmeichler

SCHARFES BEERENGLÜCK

Dieser Saft ist vermutlich mein geheimer Favorit – die Süße der Beeren, das Saftige des Apfels und die verführerische Schärfe des Ingwers!

ZUTATEN

Für 1 Portion

2 Äpfel

150 g gemischte Beeren (z. B. Himbeeren, Brombeeren, Erdbeeren, Heidelbeeren, Johannisbeeren)

1 kleines Stück Ingwer

SO GEHT'S

1. Die Äpfel waschen, vierteln und Stiele entfernen. Die Beeren verlesen, waschen und abtropfen lassen. Den Ingwer waschen oder schälen und in 2–3 Stücke schneiden.
2. Alle Zutaten gemischt, aber nacheinander entsaften, in ein Glas gießen und sofort genießen.

WISSEN

Nicht nur in den vermeintlichen Wunderbeeren Acai, Goji und Co., sondern auch im heimischen Beerenobst stecken Power und Gesundheit pur. Sie vereinen viele sekundäre Pflanzenstoffe, Vitamine und Mineralstoffe in sich und sind obendrein recht kalorienarm. Also auch der perfekte Sommersnack!

IMMUN
BOOST

EIN APRIKOSEN-TRAUM IN ORANGE

Tomate und Aprikose harmonieren in diesem Saft perfekt miteinander – die zarte Säure der Tomaten wird von den süßen Früchten aufgefangen und ergänzt.

ZUTATEN

Für 1 Portion

4–5 Cocktailtomaten

2 Möhren (mit Grün)

5 Aprikosen

1 Limette

SO GEHT'S

1. Die Tomaten waschen und halbieren. Die Möhren vom Grün befreien, waschen, trocken reiben und grob zerteilen. Das Grün verlesen, waschen und ebenfalls grob klein schneiden. Die Aprikosen waschen, halbieren und Kerne entfernen. Die Limette mitsamt der weißen Haut schälen und halbieren.
2. Alle Zutaten gemischt, aber nacheinander entsaften, in ein Glas gießen und sofort genießen.

TIPPS

Mit Hanfsamen bestreut, wird dieser Saft zum veganen Protein- und Omega-3- und -6-Booster.

Je nach Saftigkeit der Aprikosen kannst du vor dem Genuss noch etwa 50 ml kaltes Wasser zugeben.

EXTRA ENERGIE

TIPP

Mit Matchapulver (Grüntee, siehe S. 83) wird dieser Drink noch ein bisschen grüner und herber im Geschmack. Dafür einfach ¼–½ TL nach dem Entsaften kräftig unterrühren.

GRÜNER APFELSAFT

Physalis sind gar nicht so exotisch, wie man vielleicht denken könnte – im Sommer gedeihen sie perfekt im Garten oder auf dem Balkon und man wird ratzfatz mit einer reichen Ernte belohnt!

ZUTATEN

Für 1 Portion

10 Physalis

1 Apfel

½ Biogurke mit Schale

50 g Spinat

SO GEHT'S

1. Die Physalisbeeren von den Hüllen befreien und waschen. Den Apfel ebenfalls waschen, vierteln, den Stiel entfernen. Die Gurke waschen und in grobe Stücke schneiden. Spinat verlesen, waschen und trocken schütteln.
2. Alle Zutaten gemischt, aber nacheinander entsaften, in ein Glas geben und sofort genießen.

WISSEN

Was steckt denn in diesen kleinen Lampions? Die Antwort ist: Physalis oder Kapstachelbeere. Sie ist ein Nachtschattengewächs, ähnlich der Tomate. Wer sie entdeckt hat, schließt sie sofort ins Herz. Sie ist Vitamin-C-reich und enthält, ihrer Farbe entsprechend, Beta-Carotin (Vorstufe von Vitamin A). Das und viele Vitalstoffe mehr machen sie nicht nur optisch zu einem Superfood!

Schlank
MACHER

HERBES GURKEN-MELONEN-GRANITÉ

Ein feines, reifes Aroma sollte die verwendete Melone haben, damit die Kombination mit Gurke und Grüntee besonders lecker schmeckt!

ZUTATEN

Für 4 Portionen

1 Gurke

1 kleine Netzmelone

1 Zweig Minze

1–2 TL Matchapulver

SO GEHT'S

1. Die Gurke waschen und in grobe Stücke teilen. Die Melone halbieren, schälen, Kerne entfernen und das Fruchtfleisch grob klein schneiden. Minze waschen und die Blättchen in Streifen schneiden. Alle Zutaten im Mixer fein pürieren.
2. Die Gurke-Melonen-Masse in eine flache Form geben und im Gefrierschrank ca. 1 Stunde kühlen. Mit einer Gabel durchrühren und anschließend weitere 2–3 Stunden gefrieren lassen. Zwischendurch jede halbe Stunde mit der Gabel umrühren. Zum Servieren mit einem Löffel auf vier Schälchen verteilen und genießen.

WISSEN

Granité oder auch Granita ist eine süditalienische Eisspezialität. Mit ihrer körnigen Textur (von lat. granum = Korn) schmeckt sie an heißen Tagen in allen erdenklichen Variationen. Als Variante zu obigem Rezept kannst du auch aus Gurke, Melone und einigen Grünteeblättern ein Vitaminwasser ansetzen, daraus Eiswürfel bereiten, diese dann crushen und mit einem Sirup, beispielsweise Grünteesirup, genießen.

Schlank
MACHER

SPICY BERRY-LEMONADE

Nicht nur optisch ein Genuss – Chilifäden sind haarfein geschnittene Chilischoten für den dekorativen Augenschmaus mit zart-pikantem Aroma.

ZUTATEN

Für 4 Portionen

400 g gemischte Beeren (auch 300 g TK-Beeren möglich)

3 EL Agavendicksaft

50 ml Zitronensaft

einige Chilifäden, nach Belieben

0,7 l Mineralwasser

Eiswürfel, nach Belieben

SO GEHT'S

1. Frische Beeren verlesen, waschen und 300 g mit Agavendicksaft und Zitronensaft im Mixer fein pürieren. Anschließend durch ein Sieb streichen, die Kerne entsorgen. Die Chilifäden unterrühren und den Beerensaft in eine Karaffe gießen, restliche Beeren ebenfalls zugeben.
2. Die Limonade mit eisgekühltem Mineralwasser aufgießen und nach Belieben 5–6 Eiswürfel zugeben.

VARIANTE

Das Beerenmus kannst du auch einfach mal als Popsicles – zu Deutsch „Stieleis" – zubereiten. Dafür brauchst du entsprechende Formen oder zumindest kleine Becherchen und Holz-Eisstäbchen. Gib die Beerenmasse in die Formen mit Stiel und lass sie über Nacht im Gefrierschrank fest werden.

Schlank
MACHER

GRÜNER EISTEE MIT KIRSCHEN

Dieser Eistee kann auch zur Hälfte oder komplett mit Kombucha zubereitet werden. Das ist ein Teepilz, den du selbst ansetzen kannst. Mehr dazu auf Seite 24.

ZUTATEN

Für 4 Portionen

0,8 l Wasser

2 TL Matchapulver

3 EL Zitronensaft

500 g Kirschen

Dattelsirup oder Honig, nach Belieben

Eiswürfel, nach Belieben

SO GEHT'S

1. Das Wasser aufkochen. Matchapulver in eine Karaffe geben, zuerst mit wenig kochendem Wasser aufgießen, verquirlen und dabei auflösen. Anschließend restliches Wasser und Zitronensaft zugießen und gut unterrühren. Abkühlen lassen.
2. Die Kirschen verlesen, ggf. entstielen, waschen, entsteinen und 350 g entsaften. Den Saft und die restlichen ganzen Kirschen zum Eistee geben. Wer mag, kann nach Belieben mit Dattelsirup oder Honig süßen. Nach Geschmack Eiswürfel zugeben und genießen.

WISSEN

Matcha ist sehr fein gemahlener Grüntee, der in Japan – zur traditionellen Teezeremonie – mit einem kleinen Besen direkt in der Tasse mit heißem Wasser angerührt wird. Falls du kein Matchapulver hast, kannst du den Tee auch mit grünen Teeblättern – ganz nach Belieben – aufbrühen und entsprechend mit den restlichen Zutaten aufgießen.

HERBST

Grau, nasskalt und trist? Hier nicht – denn der goldene Herbst wird mit Feigen, Weintrauben, Granatapfel, Feldsalat, Grünkohl und weiteren Leckereien einfach ins Glas gezaubert … Genuss pur!

EXTRA
DETOX

ZARTGELBES INGWERWASSER

Frische Äpfel schmecken im Herbst besonders knackig und saftig, daher eignen sie sich gut für dieses Apfelwasser. Minze und Ingwer verleihen dem Powergetränk noch ein zusätzliches Aroma.

ZUTATEN

Für 4 Portionen

1 Apfel

3 Zweige Minze

1 Biozitrone

1 kleines Stück Ingwer

1 l Wasser

SO GEHT'S

1. Den Apfel waschen, vierteln, Kerngehäuse entfernen und das Fruchtfleisch in schmale Spalten schneiden. Minze waschen und die Blättchen abzupfen. Mit einem Trinkglasboden auf einer glatten Unterlage (Schneidbrett o. Ä.) andrücken, sodass sich die Zellen öffnen. Zitrone heiß waschen, abtrocknen und in Scheiben schneiden. Den Ingwer ebenfalls waschen und in dünne Scheiben schneiden.
2. Das Wasser in eine Karaffe gießen und alle Aromenzutaten hineingeben. Mindestens 2 Stunden im Kühlschrank ziehen lassen. Anschließend gekühlt genießen.

WISSEN

An apple a day ... Äpfel gibt es (fast) das ganze Jahr über und das macht sie so vielseitig einsetzbar. Sie lassen sich prima entsaften, machen aber auch im Mixer keine schlechte Figur. Und als schneller, kalorienarmer Snack können sie mit vielen Vitaminen, Mineralstoffen und sekundären Pflanzenstoffen punkten. Und weil ihre Wirkung absolut top für deinen Körper ist, sind sie Universallieblinge!

IMMUN
BOOST

ROTES HERBSTWASSER

Reife Weintrauben und Granatapfel verfeinern dieses Vitaminwasser mit ihren herbstlichen Aromen und machen es auch optisch zu einem Highlight.

ZUTATEN

Für 4 Portionen

1 Handvoll Trauben (grün oder blau)

½ Biogurke

3 EL Granatapfelkerne

1 l Wasser

SO GEHT'S

1. Die Trauben waschen und halbieren. Die Gurke ebenfalls waschen und in Scheiben schneiden. Ein paar der Granatapfelkerne mit einem Messer leicht andrücken, dass sie aufplatzen. Aber Vorsicht: Dabei kann es spritzen und der Saft färbt Arbeitsgeräte, Finger und Kleidung.
2. Das Wasser in eine Karaffe gießen und alle Aromenzutaten hineingeben. Mindestens 2 Stunden im Kühlschrank ziehen lassen. Anschließend gekühlt genießen.

TIPP

Zusätzlich oder auch anstelle der Granatapfelkerne kannst du 1–2 Handvoll Holunderbeeren, gequetscht, ins Wasser geben. Manchmal hat man die Möglichkeit, am Wegesrand welche zu pflücken, aber bitte nur fernab von großen Straßen.

SEELEN
Schmeichler

TIPP

Gemahlener Kardamom als Topping oder zusätzliches Würzmittel schmecken in diesem Smoothie besonders fein. Und wer ein kleines Gourmethäubchen möchte, streut eine Mischung aus Kakao-Nibs (siehe S. 17) und getrockneten Maulbeeren obenauf.

FEIGEN-CASHEW-SMOOTHIE

Cremig, zart und edel kommt dieser Smoothie daher – und dank der Aromen klingt auch noch ein bisschen Tausendundeine Nacht mit …

ZUTATEN

Für 2 Portionen

50 g Cashewkerne

50 ml Wasser

2 Feigen

2 Äpfel

½ Banane

1 TL Acaipulver

250 ml Wasser

SO GEHT'S

1. Die Cashewkerne in gut 50 ml warmem Wasser ca. 3 Stunden einweichen.
2. Die Feigen waschen, Stielansatz entfernen. Die Äpfel ebenfalls waschen, vierteln und Kerngehäuse entfernen. Die Banane schälen und grob klein schneiden.
3. Alle Zutaten im Mixer fein pürieren. Auf zwei Gläser verteilen und sofort servieren.

WISSEN

Acai ist die Frucht einer südamerikanischen Palmenart. Bei uns kommt meist Pulver oder Saft zum Einsatz. Es gibt aber auch Hersteller, die die Frucht zu einer Art Püree bzw. Sorbet verarbeiten und tiefgekühlt verkaufen. Mit ihrer hohen Dichte an Antioxidantien zählt sie zu den Superfoods (siehe S. 18/19). Als heimische Alternative kannst du Holunder-, Aronia-, Heidelbeeren oder rote Trauben verwenden.

EXTRA
ENERGIE

EXOTISCHER FRUCHT-SMOOTHIE

Exotisch ist Aronia zwar nicht – aber ihr Saft gibt diesem Smoothie das gewisse Etwas. Du kannst stattdessen aber auch gerne Acai (Pulver oder Püree) zugeben.

ZUTATEN

Für 2 Portionen

200 g Ananasfruchtfleisch

2 Pflaumen

½ Banane

3 EL Aroniamuttersaft

200 ml Wasser

SO GEHT'S

1. Die Ananas in grobe Stücke schneiden. Pflaumen waschen, halbieren, Kerne entfernen und vierteln. Die Banane schälen und grob klein schneiden.
2. Alle Zutaten im Mixer fein pürieren, auf zwei Gläser verteilen und sofort genießen.

WISSEN

Klingt irgendwie exotisch? Aronia, oder auch Apfel- oder „Gesundheits"beeren, können aber ganz simpel im heimischen Garten wachsen. Sie sind sauer und herb im Geschmack und strotzen nur so von sekundären Pflanzenstoffen und Vitaminen. Du kannst die erbsengroßen Beeren im Supermarkt oder Bioladen getrocknet oder als Saft (Muttersaft) kaufen.

TIPP

Hier passt gut noch 1 TL Weizengraspulver dazu. Wenn du es etwas herber möchtest, dann probiere ½–1 TL Matchapulver aus.

CREMIG-PEPPIGER AVOCADO-SMOOTHIE

Avocado macht diesen Smoothie so richtig smooth – dabei liefern der saftige Apfel und der zarte Staudensellerie den perfekten Gegenpol!

ZUTATEN

Für 1 Portion

1 Apfel

2 Stangen Staudensellerie

½ Avocado

250 ml Wasser

ein paar Spritzer grüner Tabasco, nach Belieben

SO GEHT'S

1. Den Apfel waschen, vierteln und Kerngehäuse entfernen. Staudensellerie putzen, waschen und grob klein schneiden. Die Avocado ohne Kern aus der Schale löffeln.
2. Alle Zutaten im Mixer fein pürieren und sofort in einem Glas genießen.

VARIANTE

Alternativ kannst du den Apfel auch durch eine gut reife Birne und 1 EL Limettensaft ersetzen.

VARIANTE

Wer Sanddorn nicht mag oder keinen Muttersaft bekommt, kann stattdessen auch 10 Physalisbeeren mitmixen. Diese vorher von den Hüllen befreien und waschen. Statt Wasser lässt sich auch Orangensaft oder Wasserkefir verwenden.

SUPERGRÜNER ORANGEN-SMOOTHIE

Endiviensalat ist ein ausgesprochener Herbst- und Wintersalat und schmeckt leicht bitter. Aber genau diese Bitterstoffe machen ihn so wertvoll …

ZUTATEN

Für 2 Portionen

½ Fenchelknolle

6 Endivienblätter

2 Orangen

2 EL Sanddorn-Muttersaft

250 ml Wasser

SO GEHT'S

1. Den Fenchel putzen, waschen und in grobe Streifen schneiden. Den Salat verlesen, waschen und grob klein schneiden. Die Orangen mitsamt der weißen Haut schälen und vierteln.
2. Alle Zutaten im Mixer fein pürieren, auf zwei Gläser verteilen und sofort servieren.

WISSEN

Muttersaft (oder auch Ursaft) ist der 100%ige Direktsaft von Beeren wie Sanddorn, Aronia, Holunder oder Schwarzer Johannisbeere. Deren Geschmack ist so intensiv, dass man ihn kaum pur trinken kann. Sanddorn im Übrigen, passt hervorragend in die kalte Jahreszeit, denn er enthält besonders viel Vitamin C und bringt dich fit durch die Erkältungssaison.

TIPP

1 TL Weizengraspulver macht diesen Saft besonders lecker.

GREEN HALLOWEEN

Kürbis zu entsaften ist eine super Sache, man muss sich nur trauen! Zusammen mit sauer-fruchtigen Partnern, wie Ananas oder Apfel, ergibt das ein richtiges kleines Geschmacksfeuerwerk!

ZUTATEN

Für 2 Portionen

200 g Ananasfruchtfleisch

200 g Kürbisfruchtfleisch

2 Äpfel

½ Bund Petersilie

SO GEHT'S

1. Ananas- und Kürbisfruchtfleisch in grobe Stücke teilen. Die Äpfel waschen, vierteln und Stiele entfernen. Petersilie waschen, trocken schütteln und mitsamt den Stielen grob klein schneiden.
2. Alle Zutaten gemischt, aber nacheinander entsaften, auf zwei Gläser verteilen und sofort servieren.

TIPP

Wenn du den Trester zum Backen, für Müsli oder Süßspeisen weiterverwenden möchtest, empfiehlt es sich, das Kerngehäuse von Äpfeln oder Birnen vor dem Entsaften zu entfernen.

Schlank
MACHER

SUPERROTE KOMBO

Auch Paprika lässt sich in einem Entsafter „auspressen“ und im Glas genießen: Sie braucht jedoch immer passende Gegenspieler für ein ausgewogenes Aromenerlebnis!

ZUTATEN

Für 2 Portionen

4 Pflaumen

1 rote Paprikaschote

1 Biogurke

SO GEHT'S

1. Die Pflaumen waschen, halbieren und die Kerne entfernen. Paprika putzen, waschen, halbieren, Stielansatz entfernen und grob klein schneiden. Die Gurke ebenfalls waschen, putzen und in grobe Stücke teilen.
2. Alle Zutaten gemischt, aber nacheinander und langsam entsaften, auf zwei Gläser verteilen und sofort servieren.

TIPP

Nach Belieben kannst du hier noch ½ Granatapfel mit entsaften oder auch puren Granatapfelsaft (Muttersaft) zugeben.

IMMUN
BOOST

FENCHELIGER ZITRUSSAFT

Zart, aber dennoch geschmacksintensiv, säuerlich, aber dennoch süß, fein mit leicht bitterer Note – so kommt dieser Herbstfavorit ins Glas.

ZUTATEN

Für 2 Portionen

1 große Fenchelknolle

1 rosa Grapefruit

2 Orangen

1 Maracuja

SO GEHT'S

1. Den Fenchel putzen, waschen und grob zerteilen. Grapefruit und Orangen jeweils mitsamt der weißen Haut schälen und vierteln.
2. Alle Zutaten, bis auf die Maracuja, gemischt, aber nacheinander entsaften. Die Maracuja halbieren, Saft und Fruchtfleisch herauslöffeln und unter den frischen Saft rühren. Auf zwei Gläser verteilen und sofort genießen.

WISSEN

Fenchel zu entsaften gelingt dir am besten, wenn du die Knolle in kleine Stücke teilst, und zwar quer zur Faser – das erleichtert auch dem Entsafter die Arbeit ein wenig und er verstopft nicht so sehr.

EXTRA ENERGIE

TIPP

Einen Granatapfel kannst du entsaften, indem du die Kerne auslöst und diese langsam in den Entsafter gibst. Am leichtesten bekommst du die Kerne aus dem Granatapfel, wenn du beide Hälften über eine Schüssel hältst und mit einem Kochlöffel daraufschlägst. Wichtig: Auch die weißen Trennhäute entfernen!

ROTER HERBSTSAFT

Wer für diesen intensiven Saft Trauben mit Kernen wählt, bekommt gleich noch ein Plus an Power obendrauf, denn in den Kernen stecken viele, viele Vitalstoffe!

ZUTATEN

Für 1 Portion

1 Handvoll Trauben mit Kernen

½ Granatapfel

1 Apfel

1–2 EL Aroniamuttersaft

SO GEHT'S

1. Die Trauben waschen, Granatapfel, wie unten beschrieben, teilen und die Kerne auslösen. Apfel waschen, vierteln und Stiel entfernen.
2. Alle Zutaten (bis auf den Aroniasaft) gemischt, aber nacheinander entsaften, Aroniasaft unterrühren, in ein Glas gießen und sofort genießen.

WISSEN

Der Apfel aus dem Garten Eden ... Wer die harte Schale knackt, kann den Saft der lecker-saftigen kleinen Kernchen genießen. Der Granatapfel ist ein Antioxidantien-Lieferant par excellence. Ihm werden vielerlei Wirkungen nachgesagt, leider bisher nicht wissenschaftlich bewiesen, aber gesund ist er auf jeden Fall! Er ist für Säfte und Smoothies geeignet und kann als Knabbersnack deinen Tag versüßen.

EXTRA
DETOX

GERSTENLIMO

Der Heiltrunk der Queen, genannt „Barley Water“, wurde hier ein bisschen gepimpt – das Gerstenwasser stammt aus Großbritannien und enthält die ganze Kraft der Gerste!

ZUTATEN

Für 6 Portionen

100 g Nacktgerste

1 l Wasser

1 kleines Stück Ingwer

1 Biozitrone

2 EL Rosinen

500 g Trauben

750 ml Mineralwasser/ Soda

Eiswürfel, nach Belieben

SO GEHT'S

1. Die Gerste mit dem Wasser in einen Topf geben und aufkochen lassen. Ingwer waschen, in dünne Scheiben schneiden und zugeben. Die Zitrone heiß waschen, abtrocknen und 2 Stücke der Schale mit einem Sparschäler abschneiden. Zitronen halbieren und den Saft auspressen. Beiseitestellen. Zitronenschale mit den Rosinen zum Ingwer-Gersten-Wasser geben und ca. 1 Stunde leicht köcheln. Anschließend durch ein Sieb abgießen, abkühlen lassen und das Gerstenwasser gut kühlen.
2. Die Trauben waschen und entsaften (ergibt ca. 350–400 ml Saft). Zusammen mit dem Zitronensaft, dem eisgekühlten Mineralwasser und abgekühlten Gerstenwasser in eine Karaffe geben, gut umrühren und nach Belieben Eiswürfel zufügen.

WINTER-VARIANTE

Du kannst das Gerstenwasser aus diesem Rezept im Winter auch warm genießen. Koche das Gerstenwasser, wie oben beschrieben, zusätzlich jedoch noch mit einer Zimtstange. Gib dann zum noch warmen, abgegossenen Gerstenwasser den Trauben- und Zitronensaft wie oben dazu, verteile die Mischung auf vier Gläser und serviere jedes Glas mit einer Zimtstange.

IMMUN
BOOST

FENCHEL-INGWER-TEE

Mein absoluter Geheimtipp für Fenchel-Fans! Das Getränk schmeckt nicht nur in der kalten Jahreszeit, sondern ist auch eisgekühlt im Sommer ein Hochgenuss!

ZUTATEN

Für 4 Portionen

1 kleines Stück Ingwer

2 EL Fenchelsamen

800 ml Wasser

1 Fenchelknolle

2 Äpfel

SO GEHT'S

1. Den Ingwer waschen, in dünne Scheiben schneiden und zusammen mit den Fenchelsamen und dem Wasser in einem Topf aufkochen. Ca. 10 Minuten bei schwacher Hitze köcheln lassen.
2. Inzwischen den Fenchel putzen, waschen und grob zerteilen. Die Äpfel waschen, vierteln und Stiele entfernen. Beides gemischt, aber nacheinander entsaften, zum Tee geben und sofort servieren.

VARIANTE

Ratzfatz und ohne Entsaften kannst du diesen Fenchel-Ingwer-Tee genießen, wenn du das Ingwerwasser kochst, wie oben beschrieben, und mit 250–300 ml Apfeldirektsaft aufgießt.

SEELEN
Schmeichler

VARIANTE

Kürbis lässt sich auch prima entsaften. Probier doch mal die Kombination aus Kürbis, Apfel und Ananas von Seite 99. Oder du mischst ihn mit Orange, Ingwer, Cranberrys und Kokoswasser – lecker!

CREMIGER KÜRBIS-SMOOTHIE

Wer, genauso wie ich, Kurkuma für sich entdeckt hat, mischt diesem cremigen Powerdrink noch ein kleines Stückchen unter – für den ultimativen Superboost!

ZUTATEN

Für 2 Portionen

150 g Kürbisfruchtfleisch

2 Orangen

1 Möhre

2 EL Mandelmus

1 TL Zimtpulver

½ TL gemahlener Kardamom

250 ml Mandeldrink

SO GEHT'S

1. Das Kürbisfruchtfleisch in grobe Stücke teilen. Die Orangen mitsamt der weißen Haut schälen und vierteln. Die Möhre ebenfalls schälen und in Stücke teilen.
2. Alle Zutaten im Mixer fein pürieren, auf zwei Gläser verteilen und sofort servieren.

WISSEN

Bei diesem Smoothie kannst du statt Mandeldrink zu verwenden, auch mit Kokoswasser experimentieren. Kokos gilt derzeit als das Universal-Superfood schlechthin. So können von Kokosöl über die Kokosfrucht (frisch oder getrocknet, als Chips oder Raspel) bis hin zum Kokosblütennektar (und daraus gewonnener Zucker) und sogar das Kokoswasser mit vielen tollen Inhaltsstoffen punkten. Und dass dieser Tausendsassa dann auch wundervolle Wirkungen im Körper zeigt, versteht sich ja von selbst, oder?

WINTER

Draußen Schnee, Eis, Kälte, Matschwetter und drinnen Gemütlichkeit mit Kachelofen, Punsch und Kerzen. Aber bitte alles ohne Erkältung – denn dagegen wird mit den genüsslichen Winter-Boostern schließlich gehörig angekämpft!

EXTRA DETOX

ORANGEGELBES VITAMINWASSER

In der kalten Jahreszeit wählst du am besten passend zum saisonalen Angebot feine Winterfrüchte zum Aromatisieren und Vitaminisieren deines Wassers ...

ZUTATEN

Für 4 Portionen

1 Birne

5 Biokumquats

1 kleines Stück Kurkuma oder Ingwer

1 l Wasser

SO GEHT'S

1. Die Birne waschen, vierteln, Kerngehäuse entfernen und in dünne Spalten schneiden. Die Kumquats und den Kurkuma bzw. Ingwer ebenfalls waschen und beides in dünne Scheiben schneiden.
2. Das Wasser in eine Karaffe gießen und alle Aromenzutaten hineingeben. Mindestens 2 Stunden im Kühlschrank ziehen lassen. Anschließend gekühlt genießen.

VARIANTE

Statt Kumquats, denn diese sind in Bioqualität nicht immer erhältlich, kannst du auch Scheiben von 1 Biomandarine verwenden.

TIPP

Wenn du magst, kannst du die Aromenzutaten nach ihrem Einsatz im Vitaminwasser weiterverwenden. Entferne dazu die Zimtstange und hacke die Orangen- und Grapefruitstücke klein oder zerkleinere sie im Mixer. Rühre 250 g Quark unter und süße nach Belieben mit Ahorn- oder Dattelsirup. Den Zitrusquark kannst du auch gut als Grundlage für Müsli verwenden.

RÖTLICHES ZIMTWASSER

Orangen und auch Blutorangen sind die Stars unter den winterlichen Zitrusfrüchten – lass sie mit dem Wintergewürz Nummer eins und den leicht bitteren Grapefruits schwimmen!

ZUTATEN

Für 4 Portionen

½ Biograpefruit

1 Bioorange oder Bioblutorange

1 Zimtstange

1 l Wasser

SO GEHT'S

1. Die Grapefruit und Orange/Blutorange waschen und beides mit der Schale in Spalten oder Scheiben schneiden. (Wenn du die Aromenzutaten wie im Tipp weiterverwenden möchtest, kannst du sie auch – oder zumindest teilweise – schälen.)
2. Das Wasser in eine Karaffe gießen und alle Aromenzutaten hineingeben. Mindestens 2 Stunden im Kühlschrank ziehen lassen. Anschließend gekühlt genießen.

WISSEN

Nimm Ceylon-Zimt für dieses Vitaminwasser. Er enthält nicht das eventuell in „großen" Mengen vorkommende giftige Cumarin (wie in Cassia-Zimt). Vor allem bei Kindern, Schwangeren, Stillenden und kranken Menschen kann es Kopfschmerzen und sogar Leberschäden verursachen.

SEELEN
Schmeichler

CREAM-ME-UP-SMOOTHIE

Hier kommt ein Wintersmoothie durch und durch – Gewürze, cremige Banane und getrocknete Aprikosen – was will das Genussherz in dieser kalten Jahreszeit mehr?

ZUTATEN

Für 2 Portionen

2 Äpfel

2 getrocknete Aprikosen

½ Banane

1 Möhre

½ TL gemahlener Kardamom

250 ml Wasser

SO GEHT'S

1. Die Äpfel waschen, vierteln und Stiele entfernen. Äpfel im Entsafter entsaften und darin die getrockneten Aprikosen ca. 30 Minuten einweichen. Inzwischen die Banane und die Möhre schälen und grob klein schneiden.
2. Alle Zutaten im Mixer fein pürieren, auf zwei Gläser verteilen und sofort servieren.

TIPP

Wenn du für die Äpfel den Entsafter nicht anmachen möchtest, dann verwende zum Einweichen der Aprikosen ca. 150 ml Apfeldirektsaft und mixe ihn für den Smoothie dann ebenso mit.

SEELEN *Schmeichler*

TIPP

Bestreue diesen Smoothie mit gemahlenen Mandeln oder Hanfsamen für eine Extraportion pflanzliches Eiweiß und wertvolle Fette.

KAKI-VANILLE-TRAUM

Kaki, Sharonfrucht (Zuchtform), Persimon – eine Frucht mit vielen Namen! Sie hat einen süßen Geschmack und erinnert an eine Mischung aus Melone und Pfirsich.

ZUTATEN

Für 2 Portionen

1 feste Kaki

1 Möhre

1 Stück Vanilleschote (ca. ⅓ oder 2 Messerspitzen echtes Vanillepulver/Vanillemark)

300 ml Mandeldrink

1–2 EL Zitronensaft

SO GEHT'S

1. Die Kaki und Möhre schälen und grob klein schneiden.
2. Alle Zutaten im Mixer fein pürieren, auf zwei Gläser verteilen und sofort servieren.

WISSEN

Vanille ist die Geheimwaffe für dunkle Wintertage. Sie galt in früheren Zeiten als Heil- und Arzneimittel und wird auch heute noch als beruhigendes, stimmungsaufhellendes und entzündungshemmendes Gewürz verwendet.

EXTRA ENERGIE

HALT-MICH-FIT-SMOOTHIE

Dieser supercremige grüne Smoothie hält, was er verspricht! Mit extraviel Vitamin C, Chlorophyll und Mineralstoffen bringt er dich perfekt durch den Winter!

ZUTATEN

Für 1 Portion

1 Handvoll Feldsalat

1 Kiwi

200 ml Birnensaft (Direktsaft oder aus 2–3 Birnen frisch gepresst)

1–2 EL Sanddornmuttersaft

SO GEHT'S

1. Den Feldsalat verlesen, putzen und waschen. Die Kiwi schälen und in grobe Stücke schneiden.
2. Alle Zutaten im Mixer fein pürieren, auf zwei Gläser verteilen und sofort servieren.

VARIANTE

Steigere dich ins Grüne … Du kannst locker die Feldsalatmenge erhöhen oder noch eine weitere grüne Blattgemüse-Zutat in entsprechender Menge hinzufügen. Trau dich!

EXTRA
ENERGIE

GRÜNER KOHL-SMOOTHIE

Topinambur, die bräunlich knorrige Wurzelknolle einer Art Sonnenblume, enthält den wasserlöslichen Ballaststoff Inulin, was ihn besonders interessant für Diabetiker macht.

ZUTATEN

Für 2 Portionen

1–2 Blätter Grünkohl (100–150 g)

1 kleines Stück Ingwer

1 Kiwi

1–2 Knollen Topinambur

500 ml Apfeldirektsaft (oder frisch gepresst aus ca. 5 Äpfeln)

SO GEHT'S

1. Den Grünkohl putzen, waschen und grob klein schneiden. Ingwer ebenfalls waschen und quer zur Faser in 2–3 Stücke schneiden. Die Kiwi schälen und vierteln. Topinambur waschen und grob zerteilen.
2. Alle Zutaten im Mixer fein pürieren, auf zwei Gläser verteilen und sofort servieren.

WISSEN

Grünkohl ist das neue Superfood schlechthin. Er schmeckt süßlich-herb und strotzt nur so von Vitalstoffen: Er ist reich an Vitaminen, allen voran Vitamin C, liefert wichtige Mineralstoffe und enthält ganz besonders viele Antioxidantien, was ihn fast schon zum Winter-Power-Gemüse Nummer eins macht.

TIPP

Wer möchte, kann in diesem Drink die Orangen durch die wundervollen Blutorangen ersetzen – leider sind sie oftmals nur kurze Zeit erhältlich ...

FEL-O-TOP

Fel-O-Top – klingt das nicht top? Feldsalat, Orangen, Tompinambur: Dieser Drink ist wirklich super und er hat das Zeug zum Winter-Dauerbrenner zu werden, auch bei dir?

ZUTATEN

Für 1 Portion

1 Handvoll Feldsalat

2 große Orangen

150 g Topinambur

SO GEHT'S

1. Den Feldsalat verlesen, putzen und waschen. Die Orangen mitsamt der weißen Haut schälen und vierteln. Topinambur gut waschen und grob zerteilen.
2. Alle Zutaten gemischt, aber nacheinander entsaften und in einem Glas sofort genießen.

Schlank
MACHER

GRÜNER BEAMER

Nein, du landest nach dem Genuss dieses Safts nicht auf einem anderen Stern. Aber so super und vor allem superscharf, wie er ist, könnte man fast das Gefühl bekommen!

ZUTATEN

Für 1 Portion

2–3 Blätter Grünkohl

1 Handvoll grüner Wintersalat (z. B. Endivien oder Feldsalat)

½ grüne Chilischote

2 Äpfel

SO GEHT'S

1. Den Grünkohl putzen, waschen und grob klein schneiden. Den Salat verlesen, waschen und grob klein schneiden. Die Chilischote waschen und entkernen. Die Äpfel waschen, vierteln und die Stiele entfernen.
2. Alle Zutaten gemischt, aber nacheinander entsaften und in einem Glas sofort genießen.

VARIANTE

Es geht noch schärfer, denn statt einer halben grünen Chili kannst du entweder eine ganze grüne oder auch mal eine halbe rote Chili verwenden.

TIPP

Als Ersatz für die frischen Cranberrys kannst du entweder gefrorene Beeren verwenden oder nur Apfel und Mandarinen entsaften und anschließend mit Cranberry-Muttersaft verfeinern.

BEERIGER WINTERSCHLAF

Dieser Saft ist Frucht pur – ein bisschen sauer, ein bisschen süß, ein bisschen rot, ein bisschen orange. Und auf jeden Fall bombastisch lecker!

ZUTATEN

Für 1 Portion

100 g frische Cranberrys

1 Apfel

2 Mandarinen/Clementinen

SO GEHT'S

1. Die Cranberrys verlesen und waschen. Den Apfel waschen, vierteln und den Stiel entfernen. Die Mandarinen schälen und in ca. 4 Stücke teilen.
2. Alle Zutaten gemischt, aber nacheinander entsaften und in einem Glas sofort genießen.

WISSEN

Cranberrys eignen sich besonders gut zum Entsaften. Sie enthalten viel Vitamin C, E und K. Im Herbst-/Winterhalbjahr gibt es sie vermehrt im Supermarkt im Frischeregal. Zu Hause im Kühlschrank halten sie sich 2–3 Monate. Oftmals kannst du sie auch als TK-Ware finden. Die frischen ganzen Beeren schmecken roh nicht sonderlich gut (außer entsaftet), denn sie sind sehr sauer mit leicht bitterer Note. Im gekochten Zustand schmecken sie aber sowohl süß wie auch herzhaft zubereitet sehr gut.

IMMUN
BOOST

MÖHREN-KRAFTPAKET

Möhren sind gut für die Augen, das weiß jedes Kind – aber man sagt, dass dieses Allerweltsgemüse auch vor Krebs schützen kann ...

ZUTATEN

Für 1 Portion

2 Möhren

1 Orange

1 Stück Kurkumawurzel (3–4 cm)

SO GEHT'S

1. Die Möhren waschen, trocken reiben und grob klein schneiden. Die Orangen mitsamt der weißen Haut schälen und vierteln. Die Kurkumawurzel waschen und in ein paar Stückchen teilen.
2. Alle Zutaten gemischt, aber nacheinander entsaften und in einem Glas sofort genießen.

WISSEN

Kurkuma, auch Gelbwurz genannt, ist die Wurzel, genauer das Rhizom, einer Art Ingwergewächs. Das „Gewürz des Lebens" ist in vielen Kulturen als Heilmittel bekannt und kann eventuell krebshemmend sein sowie vor Alzheimer schützen. Sie färbt stark, du kannst aber eingefärbte Gegenstände in die Sonne legen, damit die Farbe wieder verschwindet. In Saft und Smoothie kannst du die Wurzel mit oder ohne Schale verwenden, vorher aber bitte waschen!

SEELEN
Schmeichler

WARMER WINTER-PUNSCHSAFT

Punsch gehört zum Winter wie Schnee zu Weihnachten! Diese De-luxe-Version wärmt so richtig von innen und tut einfach nur gut!

ZUTATEN

Für 2 Portionen

2 Äpfel

2 Birnen

1 Orange

1 kleines Stück Ingwer

1 Zimtstange

1 kleines Stück Vanillestange

1 Prise Muskatnuss, frisch gerieben

4 Biokumquats

SO GEHT'S

1. Die Äpfel und Birnen waschen, vierteln und Stiele entfernen. Die Orange mitsamt der weißen Haut schälen und vierteln. Ingwer ebenfalls waschen und in 2–3 Stücke schneiden. Alle vier Zutaten gemischt, aber nacheinander entsaften.
2. Den Saft mit Zimt- und Vanillestange und -mark und einer Prise frisch geriebener Muskatnuss in einen Topf geben. Die Kumquats waschen, in dünne Scheiben schneiden und zugeben. Den Saft nun etwas erwärmen, aber nicht kochen lassen. Kurz ziehen lassen und anschließend auf zwei Gläser verteilen und servieren.

VARIANTE

Statt den Kumquats kannst du natürlich auch Orangen- oder Mandarinenscheiben zugeben, beides aber bitte in Bioqualität!

IMMUN BOOST

TIPP

Zum Süßen kannst du Agavendicksaft oder Honig verwenden. Nimm für diese 2 Portionen nach Belieben 1–2 TL davon.

ORANGENER VERWÖHN-LASSIE

Kakao-Nibs sind der Gourmet-Faktor in diesem sowieso schon gaumenverwöhnenden Drink. Du kannst aber auch reines Kakaopulver verwenden.

ZUTATEN

Für 2 Portionen

2 Orangen

70 g Topinambur

½ Banane

1 TL Kakao-Nibs

150 g Naturjoghurt

5–6 Eiswürfel

SO GEHT'S

1. Die Orangen mitsamt der weißen Haut schälen und vierteln. Topinambur gut waschen und grob zerteilen. Die Banane schälen und ebenfalls grob klein schneiden.
2. Alle Zutaten im Mixer fein pürieren, auf zwei Gläser verteilen und sofort servieren.

VARIANTE

Wenn du es nicht unbedingt cremig haben möchtest oder auf der Suche nach einer veganen Variante bist, dann nimm statt Joghurt 200 ml Wasserkefir (ohne Eiswürfel) oder 150 ml Sojadrink und Eiswürfel wie im Rezept.

WISSEN

Als Stimmungsaufheller und Glücksbringer ist Kakao ja hinreichend bekannt. Seine „Wunderwirkung" im gesundheitlichen Bereich dagegen erforschen die Wissenschaftler im großen Stil. So werden aufgrund der enthaltenen Antioxidantien und sekundären Pflanzenstoffe dem Kakao viele gesundheitsfördernde Effekte nachgesagt, wie die Stärkung von Herz-Kreislauf- sowie Immun- und Nervensystem. Zudem soll er blutdrucksenkend und konzentrationsfördernd sein.

TIPP

Wem der gelbe Tee zu herb ist, der kann gerne süßen. Passend sind hier besonders Honig oder Rohrohrzucker.

GELBER JASMINTEE

Einfach nur Tee ist manchmal langweilig – deswegen lässt sich diese Version mit Frucht, Gewürzen, Vitaminen und Genuss pur pimpen!

ZUTATEN

Für 4 Portionen

1 l Wasser

2 TL Jasmintee (oder grüner Tee, nach Belieben)

1 Sternanis

2 Biomandarinen

3 EL Sanddorn-Muttersaft

SO GEHT'S

1. Das Wasser in einem Topf aufkochen. Den Jasmintee mit dem Sternanis in einen Teebeutel oder ein Teesieb füllen und in eine Teekanne geben. Eine Mandarine heiß waschen, abtrocknen und in Scheiben schneiden. Ebenfalls in die Teekanne geben. Den Tee mit dem kochenden Wasser aufbrühen und ca. 3 Minuten ziehen lassen.
2. Inzwischen die zweite Mandarine auspressen. Den Tee abgießen und mit Mandarinen- und Sanddornsaft aufgießen. In Teegläsern oder Bechern servieren.

VARIANTE

Statt Jasmintee oder grünem Tee kannst du hierfür auch gerne schwarzen Tee verwenden. Und wer komplett auf Koffein verzichten möchte oder muss, der kann auch einen Kräutertee nach Wahl als Grundlage für diesen Winter-Power-Tee verwenden.

REGISTER

ZUTATENREGISTER

SACHREGISTER

DIE AUTORIN

DAGMAR REICHEL

Gesunde Ernährung, Clean Eating und leckere, abwechslungsreiche Zutaten – das sind die Grundlagen für das Tun von Dagmar Reichel, Ökotrophologin und Autorin rund um Ernährung, Gesundheit und Genuss. Sie lebt mit ihrem Mann und drei Kindern in Freiburg und genießt es, hier nach Lust und Laune aus dem riesigen saisonalen und regionalen Angebot schöpfen und als Basis für ihre Rezeptkreationen verwenden zu können. So entstand auch diese vielfältige Sammlung an Supersäften und Powerdrinks – perfekt für den schnellen Frischekick zwischendurch und eine Extraportion Nährstoffe!

DIE FOTOGRAFIN

STEFANIE HIEKMANN

Stefanie Hiekmann ist Journalistin, Foodfotografin und Foodstylistin. Auf ihrem Blog schmecktwohl.de stellt sie seit 2014 regelmäßig neue Rezeptkreationen und kulinarische Geschichten vor. Eine saisonale, abwechslungsreiche und gesunde Ernährung mit immer wieder neuen Geschmackskombinationen und Aromen zieht sich wie ein roter Faden durch ihren Blog. Stets mit dabei: frische und saisonale Obst- und Gemüsesorten, Getreide, Nüsse und Kerne, heimische und internationale Superfoods sowie jede Menge Kräuter und Gewürze. Wer hier stöbert, bekommt direkt Hunger und Lust, sofort selbst loszukochen.

DANKSAGUNG

Ein herzliches Dankeschön an alle, die mich bei der Erstellung des Buchs unterstützt haben. Mein besonderer Dank gilt meiner Familie und meinen Freunden – sie testen tapfer meine Rezepte, geben (ehrliches) Feedback und bekräftigen mich in meinem Tun. Außerdem möchte ich dem Verlag und besonders Frau Mössbauer für die unkomplizierte und kreative Zusammenarbeit danken.

Ebenso danke ich Herrn Bodzioch von **www.perfektegesundheit.de**, der mir für meine Testphase aus seiner Produktpalette zwei Profigeräte zur Verfügung stellen konnte.

So wurden mit dem Hochleistungsmixer der Firma Vitamix (TNC 5200) sämtliche Smoothies ausgiebig getestet. Die Säfte wurden perfekt vom Entsafter Whole Slow Juicer der Firma Kuvings zubereitet.

Des Weiteren danke ich Herrn Götz von **www.wellness-drinks.de**, der mir Kombucha- und Wasserkefir-Kulturen zur Verfügung gestellt und mich mit Wissen und vielen wertvollen Informationen rund um die Kulturen versorgt hat.

Ein herzliches Dankeschön geht auch an **www.lieblingsglas.de**, Kahla-Porzellan und Villeroy & Boch für die Unterstützung durch Requisiten.

NOCH MEHR BÜCHER

IMPRESSUM

Bibliografische Information der Deutschen Bibliothek.

Die Deutsche Bibliothek verzeichnet diese Publikation in der deutschen Nationalbibliografie. Detaillierte bibliografische Daten sind im Internet über http://www.d-nb.de/ abrufbar.

Die im Buch veröffentlichten Aussagen und Ratschläge wurden von Verfasserin und Verlag sorgfältig erarbeitet und geprüft. Eine Garantie für das Gelingen kann jedoch nicht übernommen werden, ebenso ist die Haftung der Verfasserin bzw. des Verlags und seiner Beauftragten für Personen-, Sach- und Vermögensschäden ausgeschlossen.

Die in diesem Buch enthaltenen Informationen, Anregungen und Ratschläge stellen die Meinung und Erfahrung der Autorin dar, basierend auf dem aktuellen Stand wissenschaftlicher Erkenntnisse. Sie wurden von der Verfasserin nach bestem Wissen und mit größter Sorgfalt recherchiert. Dennoch erfolgen alle Angaben ohne Gewähr und es kann keine Garantie übernommen werden. Das Buch kann eine persönliche Beratung oder einen kompetenten medizinischen Rat nicht ersetzen. Weder Autorin noch Verlag können für eventuelle Schäden oder Nachteile, die sich aus den im Buch enthaltenen Hinweisen ergeben, eine Haftung übernehmen. Jeder Leser und jede Leserin ist nach wie vor für das eigene Tun selbst verantwortlich.

EIN BUCH DER EDITION MICHAEL FISCHER

1. Auflage 2016

Layout, Cover und Satz: Silvia Keller

Fotos: Stefanie Hiekmann; außer Seite 142 unten: Leon Sütfeld, oben: Dagmar Reichel

Lekorat und Produktmanagement: Natascha Mössbauer

ISBN 978-3-86355-475-0

Printed in Slovakia

www.emf-verlag.de